I0100725

Aleksandr G. Duguin

Proyecto Eurasia

Teoría y Praxis

Prólogo por
Jordi de la Fuente Miró

Traducción por
Ángel Fernández Fernández

♟ Hipérbola Janus

Proyecto Eurasia
Teoría y Praxis

1ª edición: agosto 2016
2ª edición: marzo 2025
Ejemplar impreso bajo demanda.

ISBN: 978-1-961928-28-2 (Tapa blanda)
      978-1-961928-29-9 (Tapa dura)

Copyright © Hipérbola Janus, 2016–2025
Copyright © Aleksandr G. Duguin, 2009
Copyright © de la traducción: Ángel Fernández Fernández, 2016

Hipérbola Janus no se responsabiliza de las opiniones expresadas por el autor ni tiene por qué compartirlas en su integridad.

Hipérbola Janus

hiperbolajanus.com | info@hiperbolajanus.com | ○❶⊗ @HiperbolaJanus

Todos los derechos reservados. No se permite la reproducción total o parcial de este libro sin la autorización previa y por escrito de los titulares del copyright. Este libro se ha desarrollado íntegramente con software libre de código abierto. «Hipérbola Janus» es un sello editorial de Quixotic Spirit Books LLC (NM, USA – quixoticspirit.com).

Índice general

El camino hacia el Eurasianismo como «enemigo de la Sociedad Abierta»

- Por Jordi de la Fuente

Encontrarse de nuevo[1] ante una obra de Aleksandr Duguin implica dos verdades: la primera, que el sentido de la crítica y de la curiosidad sobre el mundo moderno es real, porque de lo contrario, este autor no atraería su interés en modo alguno; la segunda, que el lector ha cruzado el Rubicón de lo políticamente correcto e incluso de lo políticamente incorrecto, ya que si bien es cierto que Duguin es uno de los *avataras* del pensamiento disidente de principios del siglo XXI, es fuente y herramienta para la crítica constructiva incluso del mismo pensamiento disidente en el cual se encuadra — tradicionalismo, revolución conservadora, eurasianismo, patriotismo social europeo.

Precisamente, para entender a Duguin hace falta liberarse de dogmas, incluso de aquellos «dogmas de los no-dogmáticos» disidentes que se vanaglorian de ser «libre pensadores». Leer con ojo crítico los posicionamientos políticos y filosóficos de uno mismo. La experiencia enriquecedora que ofrece la absoluta transversalidad y heterodoxia de los planteamientos duguinianos no se encontrará en las sesudas revisiones de las ideologías modernas engendradas desde

---

[1]Véase: Aleksandr Duguin, *La geopolítica de Rusia: De la revolución rusa a Putin*, Huesca: Hipérbola Janus, 2015

el mismo pensamiento moderno — o posmoderno, que es lo mismo. De hecho, Duguin pone en el punto de mira todas las ideologías surgidas tras las revoluciones ilustradas —americana y francesa— que marcaron el inicio de un nuevo tipo de pensamiento político y filosófico predominante. Todas estas ideologías —liberalismo, comunismo y fascismo— se han enfrentado entre sí, tratando de superarse unas a otras, pero siendo finalmente el mismo punto inicial el que sigue vigente: el propio liberalismo.

Popper y la defensa de «la base de la democracia»: la Sociedad Abierta

En esta batalla entre las tres ideologías, existe un autor que crea una barrera clara entre unas y otras, con un matiz evidentemente sentimental, pero que ha sido clave para muchos pensadores actuales: Karl Popper y su «sociedad abierta» contra los «enemigos de la sociedad abierta».

Del filósofo vienés nos interesa fundamentalmente lo que entiende por esa sociedad y por esos enemigos de la misma. La dicotomía deriva en una peligrosa clasificación que hoy en día es palpable entre lo que el sistema demoliberal, capitalista y «occidental» permite y lo que señala como su enemigo y objetivo a destruir.

Para Popper, Platón definió el germen de aquella arcaica sociedad que el pensador detesta: la heroica, aristocrática y espartana comunidad de dirigentes y de siervos, sin fisuras y sin disidencias internas. El filósofo griego transmite a Aristóteles este pensamiento, que evoluciona, pasando por la mayoría de autores de la época premoderna hasta llegar al alemán Friedrich Hegel, que le da un corpus a toda esa teoría política «antidemócrata» que llega hasta ese momento.

Consumada la Modernidad, Popper no puede sino oponerse a

Karl Marx en tanto que «discípulo» de Hegel, aunque revisionista absoluto de su teoría, y al determinismo que se desprende de sus teorías, concretamente del «materialismo histórico»: para Popper, la creencia en un destino y en un fin último es lo que ha causado tanto sufrimiento y dolor a la Humanidad y carece de fundamento alguno desde su propio método científico, en el que no se confirman leyes y teorías científicas, sino que se refutan y descartan las obsoletas (falsación). En este sentido, Popper ya se declara un total adversario a todo aquello que defienda lo absoluto, aquello que, para entendernos, busca la verdad irrefutable. Popper se conforma con «aproximaciones» a esa verdad para evitar caer en aquellos «males históricos» que rechaza.

Como puede intuirse, la culminación de este pensamiento negativo se consigue en el siglo XX gracias a la instauración de los sistemas comunista y fascista, respectivamente. El totalitarismo se define como la máxima expresión política de todo este bagaje errado de la Historia que, aunque seguramente «con buenas intenciones» respecto a la salvación de la Humanidad o del hombre, siendo teorías utópicas para Popper, han derivado en una especie de «esencia del Mal» a la que hay que combatir. La primitiva idea platónica es traducida por Popper como algo totalitario, vicioso, violento, eugenésico, selectivo y retórico. Es una visión holística, colectiva, con una grave influencia del irracionalismo y del pensamiento colectivo «mágico».

Es aquí cuando entra en escena la valiosa aproximación a la armonía y a la verdad: la Sociedad Abierta que definió Henri Bergson como aquella de gobierno tolerante, que permite la pluralidad de opiniones, atiende las necesidades ciudadanas en base a su igualdad y cuya clase política se muestra honrada y transparente. En esta sociedad, el autoritarismo no tiene lugar, y la verdad irrefutable tampoco. La libertad del individuo y los derechos humanos se configuran como la base fundamental del sistema. Lo que Popper adopta, pues, es una definición buenista de la actual democracia liberal, interpretada según los principios que dice defender y sin atender a la realidad en la que opera y actúa — guerras, capitalismo, lucha de clases sociales, conflicto multicultural, etcétera. En esta Sociedad Abierta, los dirigentes no son reemplazados mediante la violencia (golpe de Estado, revolución), sino mediante mecanismos e instituciones «sin derramamiento de sangre». Es una visión, en contra de lo descrito en el párrafo anterior, racional, anti-tribalista y alejada del colectivismo anti-individualista. Las leyes que los hombres construyen a través del racionalismo no deben ser suprimidas por el estado anterior, basado en supuestas leyes naturales que no se distinguen del acervo o de las costumbres-tradiciones.

Así pues, Popper se declara un defensor de la Sociedad Abierta frente a sus enemigos, los cuales tampoco se atreve a encasillar en la definición de «Sociedad Cerrada», seguramente debido a la pluralidad que quiere transmitir: el «Bien» se encuentra en la democracia liberal, y el «Mal» en monarquías hereditarias o repúblicas aristocráticas, teocracias y regímenes dictatoriales. La indefinición del autor da paso a la anteriormente citada peligrosidad de la clasificación del sistema. Popper, de forma consciente, obvia la realidad material en la que trabaja actualmente su modelo de Sociedad Abierta, que es el capitalismo barnizado de filosofía humanista y progresista, que desprovee al individuo de personalidad convirtiéndolo en consumidor y productor sin meta alguna y, a la vez, en hombre-masa sin más sentido que la auto-complacencia de su existencia y satisfacción de sus necesidades más básicas; todo eso en un Sistema con un grado de tolerancia relativo hacia la disidencia, siempre y cuando no suponga una amenaza al orden actual de cosas o lo que es lo mismo: siempre y cuando no sea un enemigo real y/o en potencia de la Sociedad Abierta.

Los enemigos de la Sociedad Abierta

El panorama contemporáneo

Hoy en día, en la segunda década del siglo XXI, ¿quiénes son estos enemigos de la Sociedad Abierta? El siglo XX fue el siglo del auge y de la caída de los dos grandes enemigos de tal idea: el comunismo se instaló desde 1917 hasta 1991 en la que fue una superpotencia mundial como la Unión Soviética, siendo exportado a otros países, creando nuevos y dividiendo otros, hasta su colapso (tal vez provocado incluso desde dentro); el fascismo, aunque de existencia más breve —a grandes rasgos desde 1922 hasta 1945— vivió una expansión muy rápida y un éxito sin precedentes como movimiento revolucionario de vanguardia en Europa, hasta que la coalición de liberalismo y comunismo lo aplastó con las armas. Con algunos resquicios bastante heterodoxos, actualmente el comunismo es un sistema muy residual en cuanto a países que lo implementan —insisto, con formas propias de comunismo o su revisión como «socialismo del siglo XXI»— y el fascismo no gobierna ningún destino nacional, aunque sí parece tener, sino un auge, una relativización cada vez más alejada de la línea políticamente correcta en tanto en cuanto hay ciertos éxitos electorales de lo que se llama, de forma torticera y sesgada, extrema derecha.

¿Qué le queda combatir a la Sociedad Abierta para triunfar, definitivamente, en el mundo? Duguin engloba en la categoría de nacional-bolchevismo a toda tendencia o ideología que, bajo este amplísimo paraguas, venga de la izquierda o de la derecha, se oponga a los subjetivos, relativos y racionalistas principios que nutren la base moral y filosófica de la Sociedad Abierta y la transforman en el producto que es actualmente: la democracia liberal, capitalista, mundialista, individualista, moderna, progresista — y añadimos, en términos geopolíticos: talasocrática. En este libro Duguin explica punto por punto su concepción de dicha idea, por lo que no me detendré en ello, pero sí en señalar aquellos actores a los que, mediante las redes sociales, sus textos y sus comentarios, Aleksandr Duguin ha considerado como «enemigos de la Sociedad Abierta» actualmente.

Podríamos establecer dos categorías amplias, a izquierda y a derecha (aunque esta última acepción no sea la adecuada, y tomemos de alguna forma, y para entendernos, la idea de Destra evoliana a la hora de referirnos a este espectro); y dentro de ellas, distintas formas que podrían englobar aquellos movimientos o ideologías enemigas de la Sociedad Abierta.

A izquierda:

a) El comunismo nostálgico y heterodoxo de la URSS, del maoísmo, y otros regímenes análogos. En esta categoría se encuadran aquellos a los que Duguin achaca esa visión de «Marx desde la derecha» o del sentido nacional y metafísico superior que se ha combinado al socialismo comunista en aquellos movimientos revolucionarios marxistas que han desarrollado su propia vía comunista en sus respectivos países y sociedades. Esa visión del comunismo militarizada, jerárquica, espartana y provista de elementos irracionales que invocan a lo cultural o incluso a una «nueva espiritualidad» es la que el autor señala como el comunismo adversario del progresismo infantiloide, humanista y que termina vendido al camino del capitalismo, fenómeno que se da de forma clarísima en la izquierda occidental, desde la socialdemocracia a la izquierda autodenominada alternativa. Hoy en día hay pocos focos reales de esta tendencia, si incluimos a Corea del Norte, Cuba —pese a las últimas reformas y apertura de relaciones con EEUU— y movimientos nostálgicos en los países de pasado soviético.

b) El «Socialismo del siglo XXI», a veces llamado bolivarianismo sin tener en cuenta matices diversos. Esta tendencia ha tenido lugar en un momento y en un lugar concretos: primera y segunda década del siglo XXI en América Latina, capitaneada por Venezuela y la personalidad arrolladora del «césar socialista» Hugo Chávez[2]. Alrededor de esta idea, numerosos países de este continente han cambiado de color político en esta corriente que, si bien la encuadramos en el espectro izquierdista, tiene amplias concesiones a aspectos que, como en el comunismo nostálgico, no tienen nada que ver con la ortodoxia materialista

---

[2]En realidad han existido otros movimientos previos como el del Ejército Zapatista de Liberación Nacional (EZLN) en México, cuyas características nos son recordadas gracias a esta tendencia que describimos como «Socialismo del siglo XXI».

y racionalista del marxismo: liderazgo casi mesiánico, exaltación de valores patrióticos e irracionales —incluso religiosos—, reivindicación de la identidad étnica —indigenismo— frente a la disolución del hecho diferencial en el discurso mundialista imperante, entre otros aspectos. Esta tendencia ha entrado en claro declive a partir de la muerte de Hugo Chávez y de la capacidad de Venezuela para seguir irradiando —y financiando— movimientos de estas características en todo el continente.

Estas dos tendencias, ¿cómo se enfrentan a la izquierda adscrita a la Sociedad Abierta? No están encuadradas en lo «políticamente correcto» por el factor económico —no comparten el capitalismo imperante— del mismo modo que al no compartir el esquema de valores que la izquierda pro-Sociedad Abierta mantiene, lo que podríamos definir como progresismo: esa idea, compartida incluso por la derecha liberal y neoliberal del Sistema, por la que la Historia «se escribe en línea recta» ascendente y progresiva, en la que no existe la posibilidad de volver atrás —revolución, re-evolución— y con resultados inalterables, léanse los derechos de las minorías sociales/étnicas y de la libertad sexual, la apertura de mercados y del crecimiento económico sin límite, la decadencia progresiva de los valores irracionales y/o religiosos frente a la expansión y alcance a todo el mundo del dogma de los «Derechos Humanos» innatos, etcétera. Para el progresismo, tan vinculado a la izquierda moderna, la lucha de clases ha quedado relegada a un segundo plano, y con ello, gran parte del elemento movilizador que contenía y que derivaba en posiciones casi místicas, en palabras de Georges Sorel, pero que impregnaban de positividad al movimiento dotándolo de fuerza para la batalla. Esta apología del progresismo se ve clara en tendencias como la llamada «Nueva Izquierda» o todo lo relacionado con los llamados «valores posmodernos»: el blanco de la crítica ya no es el sistema económico criticado por la «vieja izquierda», sino toda concepción del hombre y de la «superestructura»; es por ello que, en la búsqueda de la superación de la «alienación», se llega a la defensa del igualitarismo total, a la idea de la libertad individual sin límites estructurales —incluso la de libertad de género— y a formas personales del ser fuera de lo convencional.

A Destra:

a) El nacionalismo revolucionario de entreguerras reformulado, es decir, el que tras la derrota de la Segunda Guerra Mundial ha sido actualizado gracias a las corrientes tradicionalistas, por un lado (fundamentalmente la aportación de Julius Evola sobre la concepción espiritual europea) y a las ideas más nacional-revolucionarias y europeístas (desde la evolución de Oswald Mosley a Jean Thiriart, pasando por la literatura de la Nouvelle Droite francesa). Dentro de esta amplia tendencia, en la que incluso caben los coqueteos con las tendencias anteriores descritas en la izquierda (desde los años sesenta del pasado siglo a la actualidad), se encuentra la crítica más clara y contundente a la Sociedad Abierta, en tanto en cuanto se ha identificado esta tendencia como el «Mal Absoluto» a partir de 1945: todo lo que pudiera ser relacionado con los regímenes vencidos era automáticamente clasificado al otro lado de la frontera y objetivo de persecución ideológica. Esta tendencia, por convicción ideológica y por reacción ante el liberalismo imperante, ofrece valores de signo contrario a la Sociedad Abierta: jerarquía manifiesta, «aristocratización» en base a la virtud, apología de la «desigualdad entre desiguales» y de la diferencia etnocultural, comunitarismo social y fomento de un espíritu llamado nacional, estatalización o reencuentro con la idea imperial de los espacios geográficos — lejos del imperialismo económico moderno. Algunos movimientos dentro de esta tendencia abogan incluso por la socialización económica, lo que les acerca, más si cabe, a ese comunismo heterodoxo anteriormente descrito. Lo cierto es que actualmente esta tendencia está representada por movimientos intelectuales minoritarios, algunos aproximados a la forma del eterno think tank, o bien por grupos más o menos nostálgicos modernizados, o por grupúsculos que ridiculizan la imagen del nacionalismo revolucionario de la época.

b) El llamado «populismo de derechas», o «extrema derecha moderna», presente sobre todo en Europa y cuyo auge se encuentra entre la primera y la segunda década del siglo XXI. Aunque su origen se confunde con la primera tendencia, la vía política, más que puramente intelectual, que ha producido a su vez nuevas ideas y nuevas situaciones. El gran mito de esta tendencia es el Front National francés de Jean-Marie Le Pen, que ha sabido combinar un lenguaje y un programa de defensa de la clase trabajadora autóctona con un ideario radical en cuanto a defensa de la identidad nacional, así como la cultura y el rechazo a la americanización de Europa. Actualmente, tanto los partidos que siguen esta línea dura —idea social e idea anti-inmigracionista— como los que se han ido actualizando de alguna forma y poniéndose al día con el marketing electoral —crítica a la islamización de Europa, re-estatalización, derechos sociales, y soberanía nacional frente a la burocracia comunitaria no democrática de la Unión Europea— son dos tipos de partidos que, según el autor de este libro, suponen un freno al mundialismo galopante y al American Way Of Life impuesto en Europa, que pueden significar el regreso del continentalismo y el giro geopolítico de Europa hacia Rusia, en lugar del atlantismo de EEUU y su brazo armado, la OTAN.

¿Son estas dos tendencias enemigas reales de la Sociedad Abierta? No cabría duda alguna en el caso de Popper, tampoco para Duguin, de que nos hallamos ante dos ejemplos de lo que serían los anti-valores de la Sociedad Abierta, más que la tendencia izquierdista según su discurso oficial. Esta tipología a Destra, de hecho, en su significado más gnoseológico, rechaza de lleno el progresismo como factor básico del sistema de pensamiento, político y filosófico actual. Cabe decir, eso sí, que de la misma forma que la izquierda ha producido la apología del progresismo, la Destra ha elaborado una suerte de «liberalismo islamófobo» que contagia a muchos grupos y partidos que antes eran calificados incluso como fascistas: ahora apoyan sin rubor al sionismo, al capitalismo y al liberalismo, siempre desde la bandera de la defensa de una supuesta identidad —moderna— contra un enemigo común: el Islam. Con esta actitud, lo que se consigue es el mismo efecto que el progresismo para la izquierda enemiga de la Sociedad Abierta: se abre una vía «desde la derecha» a la apertura, hacia el reencuentro y la amistad con la Sociedad Abierta, que en su discurso actual califica al terrorismo de único mal global sin atender a las críticas al mismo Sistema que ha alimentado al islamismo yihadista y, bajo ese pretexto, provocar guerras fratricidas en áreas geopolíticas sensibles para el beneficio final del eje atlantista Washington–Bruselas–Tel-Aviv.

En medio de esta izquierda y de esta Destra contrarias a la Sociedad Abierta podrían quedar otros sistemas, regímenes o tendencias que coinciden al menos en algunos puntos con ellas, como lo son los movimientos de liberación nacional árabes, laicos y socialistas, del siglo XX y que a día de hoy tratan de resistir en enclaves trascendentales como Siria.

Frentes comunes

Hoy en día, aquellos que podrían ser calificados como enemigos de la Sociedad Abierta tienen una serie de elementos en común, que ya podemos extraer de lo descrito en párrafos anteriores, pero que en la práctica conducen a posturas muy similares al respecto de temáticas particulares de la actualidad. Les acerca más aquello que les enfrenta a la Sociedad Abierta que las ideas, desmenuzadas, que puedan tener en común.

- Crítica al mundialismo. El fenómeno conocido como globalización, o mundialismo, definido por el avance de las estructuras y decisiones supraestatales, de las tecnologías, de la reducción «de los tiempos y los espacios» derivado de la superación técnica y de la anteposición de lo económico a cualquier otro valor, es rechazado por los enemigos de la Sociedad Abierta, si bien no son contrarios al avance técnico, sí al resto de características.

- Crítica a las instituciones del mundialismo. Los enemigos de la Sociedad Abierta rechazan la imposición de instituciones económicas que dictan los designios del mundo, como el Banco Mundial o el Fondo Monetario Internacional, así como aquellas formas de super-gobiernos más allá de los Estados que, de forma no democrática, rigen los destinos de los ciudadanos de esos territorios e incluso de los de fuera, por su influencia, como lo son la Unión Europea o la Organización de Naciones Unidas.

- Crítica a la alianza atlantista. La OTAN es rechazada por ambos frentes por ser expresión militar de subyugación a los intereses de EEUU, por encima de los intereses geopolíticos legítimos de los Estados que se encuentran en esta red.

- Crítica a los conflictos provocados por el atlantismo. Las guerras financiadas y desatadas por los EEUU o sus aliados más cercanos con fines contrarios a los intereses de los pueblos, de las naciones libres o de los mismos ciudadanos[3].

- Crítica al capitalismo. La economía capitalista es rechazada en su plano material —propuestas socializantes, de modificación de la infraestructura, re-estatalización— y en su plano espiritual — inmoralidad de la explotación, reposición de derechos sociales perdidos, oposición al homo œconomicus.

- Crítica al liberalismo y a la filosofía burguesa. Anteposición de la comunidad al individuo. Rechazo al fin materialista como significado de la felicidad.

- Crítica a los fenómenos destructores de identidad, considerados como efectos del capitalismo y del mundialismo, como las mi-

---

[3]Vale decir que la izquierda y la *Destra* se han dividido y se han puesto de acuerdo y en desacuerdo en momentos clave, como la guerra civil en Ucrania: izquierdistas y derechistas a favor de la injerencia rusa en el conflicto y de la liberación de regiones rusófilas, a la vez que izquierdistas y derechistas favorables a la no partición de Ucrania, incluso llegando a entender como mal menor la injerencia atlantista y la colaboración de elementos considerados enemigos de la Sociedad Abierta con los gobiernos aupados y financiados desde la Unión Europea y Estados Unidos (como, por ejemplo, los grupos neonazis ucranianos).

graciones masivas y descontroladas, que producen explotación, rebajan salarios y, a la postre, recortan derechos sociales, generando conflictos entre comunidades con distintas identidades y orígenes en un mismo espacio — por lo general, el llamado «primer mundo».

- Crítica a la posmodernidad. Si bien se pueden atender a valores identificados como posmodernos, aunque en realidad sean más antiguos, como el ecologismo o cierto tipo de animalismo, las dos vertientes de enemigos de la Sociedad Abierta rechazan las modas posmodernas, desde la «liberación sexual» y el feminismo hembrista, hasta el consumo generalizado y casi enfermizo de redes sociales para reflejar un «nuevo-yo» idealizado y lejano de la superación personal real.

Eurasianismo: enemigo total, destino y punto final

Para Duguin, la identificación política de todos estos puntos comunes entre esa izquierda y esa *Destra* enemigas de la Sociedad Abierta la ha venido denominando como nacional-bolchevismo, aunque la expresión que actualmente más utiliza y mejor se ajusta a las nuevas necesidades que generan las preguntas del siglo XXI es eurasianismo.

El eurasianismo no es una mera ideología. Incluso puede ir más allá de una Weltanschauung

En este sentido, el eurasianismo tiene una base ideológica concreta, pero también un espacio concreto: Eurasia. No se entiende la idea de eurasianismo desvinculada de la carga geopolítica que conlleva el término. Para Duguin, el sustrato que ha producido la síntesis eurasianista no puede haber existido en otro lugar que no sea Eurasia, el Heartland de Mackinder y Haushofer, el Reino de la Tierra. Las sociedades y los pueblos que han vivido a lo largo de los siglos en este territorio continental han desarrollado múltiples culturas e identidades bajo un código meta-común que les ha imprimido una serie de valores compartidos, de creencias similares, de actitudes que se han visto mimetizadas de pueblo a pueblo en momentos distintos de la Historia. Todas las ideas que se han ido describiendo alrededor de los enemigos de la Sociedad Abierta quedan inscritas en esta visión telúrica y continentalista, mientras que las talasocráticas no son más que la base del liberalismo, del mercantilismo, del relativismo y de la disgregación individualista-igualitarista, esto es, de la Sociedad Abierta. Duguin es especialista en realizar esquemas explicativos en base a estas expresiones y en asociar conceptos dentro de un sistema de pensamiento de forma muy gráfica, como veremos en toda su obra, y también en esta.

Para finalizar, y a modo muy gráfico, pensemos en los «buenos y los malos» de la actualidad. En el imaginario colectivo están aquellos «malvados de Hollywood» de la Historia, y actualmente existen nuevos malvados vivos y reales hacia los que el pueblo llano tampoco tiene simpatía alguna. Uno de ellos es el todopoderoso magnate, casi siempre en la sombra, George Soros. Este personaje fue fiel estudiante de Popper y es especialista en detectar las interpretaciones de la realidad y de la manipulación colectiva relacionadas con el mundo de la publicidad y de la política. No en vano es el fundador de la Open Society Foundations, de nombre nada sospechoso, mediante la cual financia proyectos de todo tipo, desde mercantilistas hasta sociales y sin ánimo de lucro, todos encaminados a la propagación de los valores que su maestro definió en la Sociedad Abierta. Soros, actualmente, sigue siendo el filántropo que financia movimientos aperturistas en sociedades más tradicionales, desde el antiguo bloque soviético a las actuales tendencias posmodernistas de la nueva izquierda, sin dejar por ello la especulación financiera que lo hizo inmensamente rico ni la apología del capitalismo, del (neo)liberalismo y de las superinstituciones transnacionales como la Unión Europea.

Que un ser tan oscuro como Soros sea tan firme defensor de la Sociedad Abierta, despertará las sospechas, al menos, de aquellas mentes que ponen en duda la política, lo social, y aquello moralmente correcto que ofrece el Sistema occidental. Al final de todas estas sospechas, como herramienta de análisis, podrá encontrar el eurasianismo.

Jordi de la Fuente Miró   🐦 @JordidelaFuente
_____

Nacido en Barcelona (1986), licenciado en Ciencias Políticas y de
la Administración Pública (Universitat Pompeu Fabra) y técnico
en Comercio Internacional y Logística (Cámara de Comercio de
Barcelona). Ha realizado estudios sobre Teoría del Estado y sobre
Diplomacia, desarrollando diversas campañas electorales en distintos
lugares de España. Es además colaborador de la Fundación «_Identités
et Traditions Européennes_» en el Parlamento Europeo.

1
Piedras angulares del eurasianismo

EL EURASIANISMO ES UNA CORRIENTE IDEOLÓGICA y político-social surgida en el contexto de la primera oleada de emigración rusa, unida a la concepción de la cultura rusa como fenómeno no europeo que — entre las diferentes culturas del mundo — presenta una original combinación de trazos occidentales y orientales; de modo que ésta pertenece contemporáneamente tanto a Occidente como a Oriente, y al mismo tiempo no se reduce ni a un ámbito ni a otro.

1.1. Fundadores del eurasianismo

- **N.S Trubetskoj** (1890-1938) filólogo y lingüista;

- **P.N Savitskij** (1895-1965) geógrafo y economista;

- **G.V Florovskij** (1893-1979) historiador de la cultura, teólogo y patriota;

- **G.V Vernadskij** (1877-1973) historiador y geopolítico;

- **N.N Alekseev** jurista y politólogo;

- **V.N Ilin** historiador de la cultura, literato y teólogo.

El principal valor del eurasianismo ha consistido en ideas surgidas de lo más profundo de la tradición de la historia y la estatualidad rusa. El eurasianismo no ha visto la cultura rusa como un simple componente de la civilización europea, sino como una civilización original, que reúne en sí no sólo las experiencias de Occidente, sino también, en igual medida, aquellas de Oriente. Desde este punto de vista el pueblo ruso no se encuentra ubicado ni entre los pueblos europeos ni entre aquellos asiáticos; más bien pertenece a una comunidad étnica euroasiática plenamente original. Tal originalidad de la cultura y las estatualidades rusas (que presentan elementos europeos y asiáticos de forma simultánea) definen también el específico recorrido histórico de Rusia y su programa nacional-estatal, no coincidente con la tradición europea occidental.

1.2. Fundamentos

Concepción de la civilización

La civilización romano-germánica ha elaborado un sistema propio de principios y valores, que ella misma ha elevado al rango de sistema universal. Tal sistema romano-germánico ha sido impuesto al resto de pueblos y de culturas mediante la fuerza y con la astucia. La colonización espiritual y material del resto de la humanidad por parte de Occidente constituye un fenómeno negativo. Cada pueblo y cada cultura posee un valor intrínseco para desarrollarse en función de una lógica propia. Rusia es una civilización original. No solo está llamada a contraponerse a Occidente, salvaguardando la integridad de su propio desarrollo, sino que también aspira a colocarse a la vanguardia de otros pueblos y países de la Tierra en la defensa de su propia libertad en cuanto a civilización.

Crítica a la civilización romano-germánica

La civilización occidental ha construido su propio sistema sobre la base de la secularización del cristianismo occidental (catolicismo y protestantismo), colocando en primer plano el individualismo, el egoísmo, la competitividad, el materialismo, el progreso técnico, los valores del consumismo y la explotación económica. La civilización romano-germánica funda su propio derecho sobre la globalidad y no sobre la grandeza espiritual, sino sobre la fuerza material.

En cuanto a la espiritualidad y la fuerza de los demás pueblos, estos también son valorados solamente en base y en función de la preeminencia del racionalismo y el progreso técnico.

El factor espacial

No existen modelos de desarrollo universal, la pluralidad de paisajes de la Tierra produce una pluralidad de culturas, cada una de las cuales posee sus propios ciclos, sus criterios internos y su lógica.

El espacio geográfico influye en gran medida (a veces de forma decisiva) sobre la cultura y la historia nacional de los pueblos. Cada pueblo, desarrollándose en un determinado ambiente geográfico, elabora las propias formas nacionales, éticas, jurídicas, lingüísticas, rituales, económicas y políticas. El «lugar» en el cual sucede el «desarrollo» de un pueblo o de un Estado determina en una medida significativa la trayectoria y el sentido de tal «desarrollo» — hasta el punto de convertirse en ineluctable. Es imposible separar la historia de las condiciones espaciales, y el análisis de las civilizaciones no solo debe proceder a través del eje temporal («antes», «después», «desarrollo» o «no desarrollo» de una nación etcétera) sino también a través de un eje espacial («Oriente», «Occidente», «estepas», «montañas» etcétera).

Ningún Estado particular o región tiene el derecho de pretender ser el referente y la medida para todos los demás. Cada pueblo tiene su propio modelo de desarrollo, sus propios «tiempos», una «racionalidad» propia, y debe ser comprendido y valorado en función de criterios específicamente intrínsecos.

El clima de Europa, la pequeña extensión de sus espacios y la influencia de sus paisajes han generado la especificidad de la civilización europea, en la cual prevalecen las influencias del bosque (Europa septentrional) y de la costa (mediterráneo). Los diferentes paisajes han generado diferentes tipos de civilización: las estepas abarcadas por los imperios nómadas (desde los escitas a los turcos), el desierto a la civilización árabe (islámica), las tierras del loess respecto a China, las islas montañosas en relación a Japón, la unión de estepa y bosque en el caso ruso-eurasianista. La impronta del paisaje vive en la totalidad de la historia de cada una de estas civilizaciones, y no puede separarse ni neutralizarse.

Estado y nación

Los primeros eslavófilos del siglo XIX (Khomjakov Aksakov y Kirevskij) insistieron en la unicidad y originalidad de la civilización rusa (eslava y ortodoxa). Esta civilización debe ser defendida, conservada y reforzada frente a Occidente por un lado, y en la misma medida contra el modernismo liberal (también procedente de Occidente). Los eslavófilos afirmaron el valor de la tradición, la grandeza de la antigüedad, el amor por el pasado de Rusia, la advertencia de los inevitables peligros del progreso, de la extrañeza de Rusia respecto a muchos aspectos del modelo occidental. Los eurasianistas heredaron de esta escuela filosófica las posiciones de los últimos eslavófilos y desarrollaron ulteriormente sus propias tesis en el sentido de una valoración positiva de la influencia de Oriente. El Imperio Moscovita representa el más elevado desarrollo de la estatualidad rusa. La idea nacional adquiere un nuevo estatus: después de la negativa de Moscú a reconocer a la «Unión Florentina» (encarcelamiento y prohibición de la misa al metropolitano Isidoro) y la rápida decadencia, el Rus de Zargrad asume las insignias del imperio ortodoxo.

Plataforma política

Riqueza y prosperidad, fuerza del Estado y eficiencia de la economía, potencia del ejército y desarrollo de la producción deben ser los instrumentos para conseguir los más elevados ideales. El sentido del Estado y de la nación solamente viene conferido por la existencia de una «idea-guía». Aquel régimen político, que presupone la fijación de una «idea-guía» como valor supremo, viene a calificarse por parte de los eurasianistas como «ideocracia» — del griego «idea» y «*kratos*», poder. Rusia siempre ha sido imaginada como Sacra Rus, como potencia (*derzhava*) que cumple una peculiar y propia misión histórica. La concepción del mundo eurasianista también debe ser la idea nacional de la Rusia por venir, su «idea-guía».

La elección eurasianista

Rusia-Eurasia, como expresión de un imperio estepario-boscoso de dimensiones continentales, exige un modelo propio de dirección. Antes que nada está la ética de la responsabilidad colectiva, del desinterés, de la ayuda recíproca, del ascetismo, de la voluntad y de la tenacidad. Solo aquellas cualidades similares pueden permitir conservar el control sobre las vastas y escasamente pobladas tierras de la zona esteparia-boscosa eurasiatica. La clase dirigente de Eurasia está formada sobre la base del colectivismo, del ascetismo, de la virtud guerrera y de la rígida jerarquía.

La democracia occidental está formada por las condiciones específicas de la Atenas antigua y, durante muchos siglos, por la Inglaterra insular. Esta democracia refleja características específicas del «desarrollo local» europeo. Esta «democracia» no representa un criterio universal. Para Rusia-Eurasia imitar las normas de la «democracia liberal» europea es insensato, imposible y dañino. La participación del pueblo de Rusia en la dirección política debe ser definida con un término distinto: «*demotia*», del griego «*demos*», «pueblo». Esta participación no rechaza la jerarquía y no debe ser formalizada en estructuras partito-parlamentarias. La «*demotia*» presupone un sistema de consejos territoriales, de gobiernos de distrito y nacionales (en el caso de los pueblos de dimensiones reducidas). La «*demotia*» se desarrolla sobre el fundamento del autogobierno social, del «mundo» campesino. Un ejemplo de «*demotia*» es el carácter electivo de las jerarquías eclesiásticas por parte de los parroquianos en el caso del *Rus Moscovita*.

1.3. La obra de L.N Gumilev como desarrollo del pensamiento eurasianista

Lev Nikoalevic Gumilev (1912-1922) hijo del poeta ruso **N. Gumilev** y de la poetisa **A. Akhmatova**, fue etnógrafo, historiador y filósofo.

Tuvo una gran influencia sobre Gumilev el libro del eurasianista calmuco E. Khara-Vadan *Gengis Khan como líder* y el trabajo de P. S Savitskij. Gumilev desarrolló en su obra las tesis fundamentales del eurasianismo. Hacia el final de su vida se definía como «el último de los eurasiáticos»

Momentos fundamentales de la teoría de Gumilev

- La teoría de la pasionalidad (*passionarnost*) como desarrollo del idealismo eurasianista.

- La esencia de la cual, en su opinión, consiste en el hecho de que cada *ethnos*, en cuanto a formación natural, está sujeto al influjo de ciertos «impulsos energéticos», surgidos del cosmos y causantes del «efecto de la pasionalidad», que equivaldría a una extrema actividad e intensidad vital. En este caso, el *ethnos* sufre una «mutación genética», que conduce al nacimiento de las «apasionados» — individuos de particular temperamento y talento. Y estos se convierten en los creadores de nuevos *ethnos*, culturas y estados.

- La llamada de atención a la ciencia sobre la protohistoria de los «imperios nómadas» de Oriente y el descubrimiento del colosal legado étnico y cultural de los pueblos autóctonos del Asia antigua, materializados, en su totalidad, en las grandiosas culturas de la antigüedad pero caídos en el olvido (Hunos, Turcos, mongoles etcétera).

- El desarrollo de una impostura turcófila en la teoría de la «complementariedad étnica».

Ethnos es, en general, cualquier conjunto de individuos, cualquier «colectivo»: pueblo, población, nación, tribu o clan familiar fundado sobre una comunidad de destino histórico.

«Nuestros antepasados Grandes-Rusos — escribía Gumilev — en los siglos XV, XVI y XVII se mezclaron fácil y rápidamente con los Tártaros del Volga, del Don, del Obi y con los Buriatos, que asimilaron la cultura rusa. Los mismos Grandes-Rusos se mezclaron fácilmente con los Yakutos, absorbiendo la identidad y tomando contacto, gradualmente, con los Kazajos y los Calmucos. Transmitidos los vínculos matrimoniales coexistieron pacíficamente con los Mongoles en el Asia central, así como los mismos Mongoles y los Turcos lo hicieron con los Rusos en la Rusia central entre los siglos XIV y XVI». De modo que la historia del *Rus Moscovita* no puede ser considerado más allá del contexto de los contactos étnicos ruso-tártaros y de la historia del continente eurasiático.

1.4. La aparición del neo-eurasianismo: contexto histórico y social

Crisis del paradigma soviético

Hacia mediados de los años 80 la sociedad soviética comenzó a perder su cohesión y una adecuada capacidad de reflexión y autorreflexión. Los modelos de la autocomprensión soviética se resquebrajaron. La sociedad había perdido su orientación. Todos advertían la necesidad del cambio, pero esta sensación era confusa, nadie sabía en qué dirección se iba a producir tal transformación. En aquella época se forjó una serie de vertientes poco convincentes: «fuerzas del progreso» y «fuerzas de la reacción», «reformistas» y «conservadores del pasado», «partidarios de las reformas» y «contrarios a las reformas».

Encaprichamiento por los modelos occidentales

En tal situación el término «reformas» se convierte en sí mismo en sinónimo de «liberal-democracia». Del hecho objetivo de la crisis del sistema soviético se extrae la apresurada deducción de la superioridad del modelo occidental o de la necesidad de copiarlo. A nivel teórico esto no era absolutamente evidente, desde el momento en el que el «mapa ideológico» presenta un sistema de elecciones claramente más variopinto que el primitivo dualismo: socialismo — capitalismo, acuerdo de Varsovia — OTAN. Prevalece justo esta lógica primitiva: los «partidarios de las reformas» se convirtieron en incondicionales apologetas de Occidente, cuya lógica y estructura asimilaron rápidamente, mientras que los «contrarios a las reformas» se mostraron estériles conservadores del régimen tardo-soviético, cuya lógica y estructura siempre huía de ellos mismos. En tal situación de desequilibrio, por un lado los reformistas pro-occidentales contaban con un potencial de energías, novedades, expectativas de cambio, impulso creativo y perspectivas; mientras que los «reaccionarios» no permanecían sino en la inercia, en el inmovilismo, en la apelación al consuelo y en lo conocido. Fue justo en este contexto o estado psicológico y estético en el que la política liberal-democrática occidental prevaleció en la Rusia de los años 90, sin embargo a nadie le fue concedido cumplir una elección clara y consciente.

Colapso de la unidad estatal

El resultado de las «reformas» fue el colapso de la unidad estatal soviética y el principio del fin de los últimos vestigios de la Rusia soviética. La destrucción del sistema soviético y de la «racionalidad soviética» no vino acompañado de la creación de un sistema nuevo ni de una nueva racionalidad en conformidad a las condiciones nacionales e históricas. Finalmente acabó prevaleciendo una actitud peculiar frente a Rusia y su historia nacional: el pasado, el presente y el futuro de Rusia comenzó a ser leído desde el punto de vista de Occidente, valorado como algo extraño, trascendente y ajeno («este país» era una típica expresión de los «reformistas»). Esta no era la visión que Occidente tenía de Rusia, sino la visión que Rusia poseía de Occidente. No puede sorprender que en esta situación la adopción de los esquemas occidentales, incluso en la teoría de los «reformistas», no fuese invocada para crear o reforzar la unidad estatal y nacional, sino para destruir sus restos. La destrucción del Estado no fue el resultado casual de las «reformas», más bien, y de hecho, uno de los objetivos estratégicos de aquellas «reformas».

Nacimiento de una oposición anti-occidental (anti-liberal) en las condiciones post-soviéticas

En el curso del desarrollo de las «reformas» y en su «profundización» lo inadecuado de la simple reacción se hizo evidente ante todos. En este periodo (1989-1990) comenzó a formarse la «oposición nacional-patriota», en la cual confluyeron una parte de los «conservadores soviéticos» (disponibles y con un mínimo de reflexión), algunos «reformistas» desilusionados con las «reformas» o que «habían alcanzado un grado de conciencia respecto a sus orientaciones anti-estatuales» y algunos de los representantes del «movimiento patriótico», que se habían formado ya durante la *Perestroika* y que intentaban dar forma al sentimiento de la «potencia estatal» (*derzhava*) en un ámbito no comunista (ortodoxo, monárquico, nacionalista etcétera). Con un acusado retraso y con la total ausencia de apoyos externos de orden estratégico, intelectual y material comenzaba a formarse confusamente el modelo conceptual del patriotismo post-soviético.

Neo-eurasianismo

El neo-eurasianismo surge en este contexto como fenómeno ideológico y político, convirtiéndose a la vez en una de las principales orientaciones de la autoconciencia patriótica en la Rusia post-soviética.

1.5. Fases de desarrollo de la ideología neo-eurasianista

1ª fase (años 1985-1990)

- Seminario y lecciones de Alexander Duguin en diversos grupos del naciente movimiento conservador-patriótico. Crítica del paradigma soviético en cuanto a carente del elemento cualitativo espiritual y nacional.

- En 1989 tiene lugar la primera publicación en la revista *Sovetskaja literatura* (*Literatura soviética*). Ediciones de libros de Duguin en Italia (*Continente Rusia*, 1989) y en España (*Rusia, Misterio de Eurasia*, 1990).

- En 1990 edición de *Crisis del mundo moderno* de René Guénon con comentarios de Duguin y del libro de Duguin *Vias del Absoluto* (*Puti Absoljuta*), con la exposición de los fundamentos de la filosofía tradicionalista.

- En este periodo el eurasianismo presenta caracteres de «Derecha-Conservadora», próximo al tradicionalismo histórico con elementos ortodoxo-monárquicos, «étnico-*pochvenniki*» (vinculados al concepto de la «tierra»), ferozmente críticos con las ideologías de «izquierda».

2ª fase (1991-1993)

- Puesta en marcha de una revisión del anticomunismo, propio de la primera fase del neo-eurasianismo. Revaloración del periodo soviético en el espíritu de los «nacional-bolcheviques» y de los «eurasianistas de izquierda».

- Visita a Moscú de los representantes de la «Nueva Derecha» (Alain de Benoist, Robert Steuckers, Carlo Terracciano, Marco Battarra, Claudio Mutti y otros).

- Basándose en la afinidad terminológica, A. Sakharov habla ya de Eurasia, pero solo en sentido estrictamente geográfico, y no político o geopolítico (y sin servirse nunca del eurasianismo en cuanto tal, así como fue un atlantista convencido); un grupo de «demócratas» intenta dar vida a un proyecto de «eurasianismo democrático» (G. Popov, S. Stankevic, L. Ponomarev).

- De un eurasianismo propio hablan también O. Lobov, O. Soskovets y S. Baburin.

- En 1992-1993 publicación del primer número de *Elementos: Revista euroasiática.*

- Enseñanza de la geopolítica y de los fundamentos del eurasianismo en institutos superiores y academias. Numerosas traducciones, artículos y seminarios.

3ª fase (años 1994-1998): desarrollo teórico de la ortodoxia neo-eurasianista

- Publicación de las obras fundamentales de Duguin: Misterios de Eurasia (*Misterii Evrazii*, 1996), Conspirología (*Konspirologija*, 1994), Fundamentos de geopolítica (*Osnovy Geopolitiki*, 1996), La revolución conservadora (*Konservativnaja revoljutsija*, 1994), Templarios del proletariado (*Tampliery proletariata*, 1997). Publicación de obras de Trubetskoj, Vernadskij, Alekseev y Savitskij por parte de Ediciones Agraf (1995-1998).

- Creación de la web «Arctogaia» (1996): http://www.arctog aia.com/

- Aparición de referencias directas e indirectas del eurasianismo en los documentos programáticos del KPFR (Partido comunista), LDPR (Partido Liberaldemocrático) y NDR (Nueva Rusia Democrática) (es decir, de izquierdas, derechas y centristas). Aumento de las publicaciones sobre temas eurasianistas. Ediciones de numerosos opúsculos eurasianistas.

- Crítica del eurasianismo por parte de los nacionalistas rusos, fundamentalistas religiosos, comunistas ortodoxos y liberales.

- Manifestaciones de una versión «académica» débil del eurasianismo (profesor A.S Panarin, V. Ja. Paschenko, F. Girenok y otros) — con elementos del paradigma iluminista, cerrado a la ortodoxia eurasianista — que evoluciona hacia posiciones radicalmente anti-occidentales, anti-liberales y anti-globalistas.

- Inauguración de una universidad dedicada a L. Gumilev y Astan (Kazajistán).

4ª fase (años 1998-2001)

- Progresiva desidentificación del neo-eurasianismo respecto a las manifestaciones colaterales dentro de los ámbitos político-culturales y partitocráticos, desarrollado en una dirección autónoma (*«Arctogaia»*, «Nueva Universidad», «Irrupción» (*Vtorzhenie*) — más allá de la oposición, de los movimientos de extrema izquierda y derecha.

- Planteamientos fundamentales de la metodología geopolítica.

- Apología del *staroobrjadchestvo* (Vieja Creencia).

- Desplazamiento sobre posiciones centristas en política, apoyo a Primakov en su nombramiento como primer ministro. Duguin se convierte en consejero del portavoz de la Duma G.N Selevnez.

- Publicación del panfleto eurasianista *Nuestra vía* (*Nash put'*, 1998).

- Publicación de *Irrupción eurasianista* (*Evraziikoe Vtorzhenie*) como suplemento en «*Zavtra*». Alejamiento creciente de la oposición y acercamiento a las posiciones del gobierno.

- Investigaciones teóricas, elaboraciones, publicaciones de *La cosa Rusa* (*Russkaja vesch'*, 2001), publicaciones sobre «*Nezavisimaja Gazeta*», «*Moskovskij Novosti*», ciclo de retransmisiones sobre «*Finis Mundi*» en Radio 101, ciclo de retransmisiones sobre temas de geopolítica y neo-eurasianismo en Radio «*Svobodnaja Rossija*» (1998-2000).

5ª fase (años 2001-2002)

- Fundación del Movimiento Político-Social panruso EURASIA sobre posiciones de «centro radical», declaración de pleno apoyo al Presidente de la Federación Rusa V. V. Putin (21 de abril del 2001)

- Adhesión a EURASIA del dirigente del Centro de Dirección Espiritual de los musulmanes de Rusia, *Sheik-ul-islam Talgat Tadjuddin*.

- Edición del periódico *Evraziizkoe obozrenie* (Revista eurasianista).

- Manifestación del neo-eurasianismo hebraico (A. Eskin, A. Shmulevic, V. Bukarskij).

- Creación de la web del Movimiento Eurasia: http://www.eurasia.com.ru

- Conferencia «¿Amenaza islámica o amenaza para el Islam?». Intervención de H. A. Noukhaev, teórico checheno del «eurasianismo islámico» («¿Vedeno o Washington?», Moscú, 2001).

- Publicación de libros de E. Khara-Davan y Ja. Bromberg (2002).

- Proceso de transformación del Movimiento Eurasia en partido (2002).

1.6. Posiciones filosóficas fundamentales del neo-eurasianismo

Sobre el plano teórico el neo-eurasianismo ha consistido en el renacimiento de los principios clásicos de este movimiento en una fase histórica cualitativamente nueva, así como en la transformación de tales principios en fundamentos de un programa ideológico y político y de una visión del mundo. La herencia de los eurasianistas clásicos fue asumida como una fundamental visión del mundo para la lucha ideal (política) en el periodo post-soviético, como plataforma espiritual y política del «patriotismo integral».

Los neo-eurasianistas han subsumido las posiciones fundamentales del eurasianismo clásico, las han elegido como plataforma, como punto de partida, como bases teóricas y fundamentos para el futuro desarrollo y esfuerzo práctico.

En el ámbito teórico los neo-eurasianistas han desarrollado los principios fundamentales del eurasianismo clásico, teniendo en cuenta el amplio contexto filosófico, cultural y político de las ideas del siglo XX.

Cada una de las posiciones fundamentales de los eurasianistas clásicos (ver el parágrafo «Posiciones fundamentales del eurasianismo clásico») ha recibido su desarrollo a nivel conceptual.

Concepción de la civilización

La crítica a la sociedad burguesa occidental desde las posiciones de «izquierda» (sociales) se superpone a la crítica de aquella misma sociedad desde posiciones de «derecha» (civilización). La idea eurasianista del «rechazo de Occidente» se ve reforzada gracias al vasto arsenal de la «crítica de Occidente» por parte de los representantes del propio Occidente. En desacuerdo con la lógica de su desarrollo histórico (al menos en los últimos siglos). A esta idea de fusión de las más dispares (e incluso políticamente contradictorias) concepciones de la negación del carácter «normativo» de la civilización occidental, los eurasianistas llegaron, progresivamente, desde finales de los años

80 hasta la mitad de la década de los 90.

A la «crítica de la civilización romano-germánica» le toma el relevo, teniendo como base prioritaria el análisis del mundo anglosajón, Estados Unidos. En el espíritu de la Revolución Conservadora alemana y de la «Nueva Derecha» europea el «mundo occidental» se divide en varios componentes: en su componente atlántica (Estados unidos e Inglaterra) y en la componente de la Europa continental (aquella propiamente romano-germánica). La Europa continental es vista aquí como un fenómeno neutral, pasivo y de integración — en determinadas condiciones — en el proyecto eurasianista.

El factor espacial

El neo-eurasianismo viene movido por la idea de una total revisión de la historia de la filosofía en función de posiciones espaciales. En este contexto se encuentra el punto de unión de los más diversos modelos de visión cíclica de la historia — desde Danilevskij a Spengler, desde Toynbee a Gumilev.

Tal principio encuentra una expresión más incisiva en la filosofía tradicionalista, que niega radicalmente la idea de evolución y progreso y funda esta negación en sus detallados cálculos metafí- sicos. De aquí la teoría tradicionalista de los «ciclos cósmicos», de los «múltiples estados del ser», de la «geografía sagrada» y otros tantos conceptos. Los principios fundamentales de la teoría de los ciclos son ilustrados de forma detallada en los trabajos de Guénon (así como de sus seguidores G. Georgel, T. Burckhardt, M. Eliade, A. Corbin). Ha sido plenamente rehabilitado el concepto de «sociedad tradicional», la cual o no conoce historia o la realiza según los ritos o mitos del «eterno retorno». La historia de Rusia no es vista como uno de los tantos y simples desarrollos locales, sino como la vanguardia del sistema «espacial» (Oriente) contrapuesto a aquel «temporal» (Occidente).

1.7. Estado y nación

Dialéctica de la historia nacional

- Es conducida hasta la formulación «dogmática» definitiva, incluido el paradigma historiosófico del «nacional-bolchevismo» (N. Ustrjalov) y su interpretación (M. Agurskij).

  El modelo es el siguiente:

- El periodo de Kiev como preámbulo de la misión nacional por venir (siglos del IX al XIII).

- Invasión mongola-tártara como escudo contra las tendencias liberadoras europeas, el impulso geopolítico y administrativo de la Horda es transferido a los rusos, división de los rusos entre occidentales y orientales, diferenciaciones de tipos culturales, formación de los Grandes Rusos sobre la base de los «rusos orientales» bajo el control de la Horda (Siglos XIII-XV).

- El Imperio Moscovita como culminación de la misión nacional-religiosa del *Rus* (Tercera Roma) (desde el siglo XV hasta finales del siglo XVII).

- Periodo soviético, nuevo triunfo de las masas nacionales, periodo del «mesianismo soviético», restablecimiento de los parámetros fundamentales de las líneas directrices moscovitas (siglo XX).

- Fase de confusión, que debe concluir con un nuevo impulso eurasianista (comienzos del siglo XXI).

Plataforma política

El neo-eurasianismo integra la metodología de la escuela de Vilfredo Pareto, se mueve entre la lógica de la rehabilitación de la «jerarquía orgánica», retoma algunos motivos nietzscheanos, desarrolla la doctrina de la «ontología del poder», de la concepción ortodoxa del poder como «*Katechon*». La idea de «élite» integra las construcciones de los tradicionalistas europeos, autores de investigaciones sobre el sistema de castas en las sociedades antiguas, así como de su antología y sociología (R. Guenon, J. Evola, J. Dumezil, L. Dumont). La teoría de la «pasionalidad» de Gumilev se encuentra en la base de la concepción de la «nueva élite eurasianista».

La tesis de la «*demotia*»

Es la prosecución de las teorías políticas de la «democracia orgánica» desde J.J Rousseau a C. Schmitt, J. Freund, A. De Benoist y A. Moeller Van der Bruck. Definición del concepto eurasianista de «democracia» («*demotia*») como «participación del pueblo en su propio destino».

La tesis de la «ideocracia»

Como fundamento y reclamo de las ideas de la «Revolución Conservadora» y de la «Tercera Vía», a la luz de la experiencia de las ideocracias soviéticas, israelí e islámica analiza los motivos de su fracaso histórico. Tiene lugar una revisión crítica del contenido cualitativo de la ideocracia del siglo XX, con la elaboración de la consecuente crítica del periodo soviético (predominio de la concepción cuantitativa y de las teorías profanas, peso desproporcionado de la concepción clasista).

En el desarrollo de las ideas de los eurasianistas clásicos concurren los siguientes elementos:

- **La filosofía del tradicionalismo (Guenon, Evola, Burckhardt, Corbin)** con la idea de la decadencia radical del «mundo moderno», profundas enseñanzas de la Tradición. La concepción global del «mundo moderno» (categoría negativa) como antítesis del «mundo de la Tradición» (categoría positiva) confiriendo a la crítica de la civilización occidental un fundamental carácter metafísico, precisando el contenido escatológico, crítico y fatal de los fundamentales procesos —

de orden intelectual, tecnológico, político y económico — que se originan en Occidente. Las intuiciones de los conservadores rusos, de los eslavófilos a los eurasianistas clásicos, son completadas por una fundamental base teórica. (Cfr. A. Duguin, La Patria Absoluta (*Absoljutnaja Rodina*), Moscú, 1999; El fin del mundo (*Konets Sveta*), Moscú, 1997; Julius Evola y el conservadurismo ruso, Roma, 1997).

- **La búsqueda de los paradigmas simbólicos y originarios de la matriz espacio-temporal**, que está en la base de los ritos, lenguajes y símbolos (H. Wirth, investigaciones paleo-epigráficas). El intento de fundación de los monumentos lingüísticos (*Svityc-Illic*), epigrafía (runología), mitologías, folclores y rituales de diverso género reconstruyen un original mapa de la «concepción sagrada del mundo» común a todos los antiguos pueblos de Eurasia, la existencia de raíces comunes (Cfr. A. Duguin, Teoría hiperbórea (*Giperborejskaja Teorija*), Moscú, 1993).

- **El balance del desarrollo de las ideas geopolíticas en Occidente (Mackinder, Haushofer, Lohhausen, Spykman, Brzeszinski, Thiriart y otros)**. Desde la época de Mackinder la ciencia geopolítica ha conocido una consistente evolución. La función de las constantes geopolíticas en la historia del siglo XX han aparecido con tal claridad que han convertido a la geopolítica en una disciplina autónoma. En el contexto de la geopolítica, el concepto mismo de «eurasianismo» y «Eurasia» ha adquirido un nuevo y más amplio significado. Desde un cierto momento en adelante, eurasianismo, en sentido geopolítico, ha comenzado a indicar la configuración continental de un bloque estratégico (existente o potencial), creado en torno a Rusia o sus proximidades y en antagonismo (activo o pasivo) con las iniciativas estratégicas del polo geopolítico opuesto.

- El «Atlantismo», a la cabeza del cual se encuentra Estados Unidos desde mediados del siglo XX, en el lugar de Inglaterra.

La filosofía y la idea política de los clásicos rusos del eurasianismo en tal situación ha sido considerada como la más consecuente y potente expresión (complemento) del eurasianismo en su significado estratégico y geopolítico. Gracias al desarrollo de las investigaciones geopolíticas (A. Duguin, Fundamentos de geopolítica (*Osnovye geopolitiki*), Moscú, 1997) el neo-eurasianismo se convierte en un sistema metodológico evolucionado. Destaca particularmente el significado del binomio Tierra-Mar (según Carl Schmitt), la proyección de tal binomio sobre una pluralidad de fenómenos — desde la historia de la religión a la economía.

- **La búsqueda de una alternativa global al mundialismo** (globalismo), en cuanto fenómeno ultra-moderno, asumiendo todo aquello que el eurasianismo (y el neo-eurasianismo) valoran negativamente. El eurasianismo se convierte en una plataforma conceptual del anti-globalismo, o del globalismo alternativo. El «eurasianismo» reúne todas las tendencias contemporáneas que niegan al globalismo un contenido objetivo (y con mayor razón positivo), ofrece a la intuición anti-globalista un nuevo carácter de generalización doctrinal.

- **La asimilación de la crítica social de la «nueva izquierda» en una «interpretación de derecha-conservadora» (repensando la herencia de M. Focault, G. Deleuze, A. Artaud, G. Débord).** Asimilación del pensamiento crítico de los opositores al sistema occidental burgués desde el anarquismo, neo-marxismo etcétera. Este polo conceptual representa una nueva fase de desarrollo de las tendencias de «izquierda» (nacional-bolchevique) existentes también entre los primeros eurasianistas (Suvchinskij, Karvasin, Efron), y también una metodología de comprensión recíproca con el ala «izquierda» del antiglobalismo.

- **Economía de la «tercera vía», «autarquía de los grandes espacios».** Aplicación de modelos económicos heterodoxos en la realidad rusa post-soviética. Aplicación de la teoría de las «uniones aduaneras» de F. List. Actualización de las teorías de S. Gesell, F. Schumpeter, F. Leroux y una nueva lectura eurasianista de Keynes.

2

Manifiesto del Movimiento Eurasianista

2.1. Nuestro ideal de desarrollo cultural: conservación de la herencia, síntesis eurasianista

Conservación de la variada herencia cultural

A NIVEL CULTURAL, el objetivo principal del Proyecto Eurasianista de Rusia es la afirmación de un modelo pluralista, diferenciado, a múltiples niveles, y alternativo respecto a los esquemas de unificación unidimensional ofrecidos por los partidarios del «globalismo bajo la influencia de Occidente». La uniformidad de la sociedad de consumo, formada bajo la impronta americana y fundada sobre el individualismo, fluye de forma inevitable hacia el desarraigo de una amplia variedad de elementos culturales, sociales, religiosos y étnicos.

Rusia debe proclamar a escala mundial su propia misión de garante de la «floreciente complejidad», como centinela de las relaciones entre las naturales y variados conjuntos humanos civilizados. La afirmación y conservación de esta variedad histórica de la vida cultural de los pueblos y de los Estados, como el fin supremo del Proyecto Eurasianista, de Rusia y a nivel de civilización.

Postmoderno del Oriente

El carácter general del postmoderno exhibe las características intrínsecas del desarrollo de la civilización humana, y por este motivo el rechazo de lo postmoderno es imposible — como también fue imposible en su momento ignorar el reclamo de los Tiempos Nuevos (modernidad) lanzado a las sociedades tradicionales. Esto atañe especialmente a los pueblos y países que participan activamente en la definición del camino histórico de la humanidad (y Rusia se encuentra, de forma indudable, entre las «grandes potencias» que no permanecen indiferentes al destino de la humanidad). Por este motivo Rusia debe apropiarse al argumento del postmoderno, pero poniéndolo al servicio de sus propias finalidades históricas, reformulando su propia misión histórica en los términos del postmoderno (del mismo modo que en el periodo soviético tuvo lugar la formulación de la misma misión en los términos de los Tiempos Nuevos, del moderno).

Esta naciente dirección cultural, dotada de una perspectiva colosal, es convencionalmente definida como «postmoderno del Oriente» («o postmoderno de la diversidad») en contraposición al «postmoderno de Occidente» (o «postmoderno universalista»). Si el «postmoderno de Occidente» representa en sí mismo «el fin de la historia» y la extravagante superposición de masas éticas privadas de sentido, intensamente heterogéneas, en ausencia de un centro de valores, el «postmoderno de Oriente» representa en sí mismo un retorno a un estilo de vida sintético, integral, dinámico y un nuevo nivel histórico de plenitud propio de las sociedades tradicionales.

Nueva culturología eurasianista

La nueva culturología eurasianista debe fundarse sobre la asimilación conceptual y el desarrollo de las fundamentales motivaciones del «postmoderno de Oriente», como nuevo método sintético de análisis cultural que reconoce igual derecho y dignidad a las culturas inherentes a los varios sectores temporales y geográficos. La nueva culturología eurasianista rechaza la división «racista» y «supremacista» de las culturas, así como su división en «avanzadas» y «atrasadas», «progresadas» y «arcaicas», «civilizadas» y «no civilizadas». Cada cultura debe ser valorada en su propio sistema de coordenadas que la hacen peculiar, no desde cualquier modelo externo y abstracto que aspire a ser la verdad en última instancia. Una culturología eurasianista tal debe convertirse en la antítesis del «racismo cultural» practicado por los atlantistas.

«Polílogo» de culturas como sujetos

En el sistema mundial eurasianista la figura histórica del agente no la representa el individuo, sino la comunidad, el ethnos, la cultura, la formación social orgánica. Entonces el principio de la interacción cultural entre las varias partes de Eurasia debe ser el complejo, dinámico y abierto polílogo de las culturas, agentes no en cuanto a formaciones incompletas, sujetas a un abstracto mejoramiento mecánico, en base a esquemas abstractos, sino en cuanto a autoridades de máxima y última instancia, constituyendo su propia amalgama y tejido en función de las múltiples dimensiones del mundo viviente, orgánico y multiforme.

Oposición a la nivelación cultural (confusión de las diferencias culturales)

Rusia debe convertirse en el polo central de una enorme revolución cultural que represente la alternativa a la nivelación cultural atlantista en un único y subrogado estilo, modelado sobre la base del «*American way of life*». El significado universal de la misión cultural de Rusia en el Proyecto Eurasianista consiste en la contribución al desarrollo de un mundo diferenciado, libre y culturalmente multipolar. En este sentido el proyecto continental de Eurasia adquiere relevancia mundial, como línea de partida de una cultura global y alternativa al «nuevo orden mundial» y al dominio total del Atlantismo.

Amplio pluralismo conservador

La conservación y el desarrollo de una pluralidad cultural, ya sea en el ámbito de Rusia o en un contexto más amplio — en el ámbito de Eurasia y, como límite, en el mundo entero — es la especificidad del Proyecto Eurasianista , una suerte de pluralismo conservador. Objeto de tal pluralismo cultural es la preservación («conservación») de los fermentos fundamentales de las culturas, la debida correlación del desarrollo dinámico en el cual se encarna el origen vital de la sociedad, con los profundos parámetros fundamentales de su núcleo tradicional. En esta relación prioritaria de la Tradición consiste el carácter fundamental del «postmoderno de Oriente».

Nuestro ideal de sistema social: la comunidad socialmente orientada, el ecologismo profundo.

El socialismo eurasianista

En contraste con la absolutización del modelo liberal,sometido al fundamento económico del «nuevo orden mundial», el Proyecto Eurasianista presupone la referencia a un amplio espectro de modelos y sistemas de ordenamiento social, a veces definidos globalmente con el nombre de «socialismo» o de «comunidad socialmente ordenada». El ambiente social y el hábitat natural del hombre, y en sus caracteres fundamentales, se halla en conexión con una comunidad definida. A diferencia del marxismo dogmático, tal comunidad puede ser entendida de formas muy diferentes — ya sea como un tipo cultural, como inconsciente colectivo de la comunidad, como fe religiosa, como identidad étnica, como formación histórico-social, como pertenencia a una clase profesional etcétera. Todos estos caracteres sociales pueden ser tenidos en cuenta en un modelo común general que, provisionalmente, es posible llamar «socialismo eurasianista», libre de dogmatismos, creativo, abierto, comprensivo tanto con las tradiciones como con las diferentes formas de identificación social, y conteniendo las nuevas formas sociales que crecen en condiciones contemporáneas. El carácter social del eurasianismo no excluye los valores del individuo, y con mayor razón no rechaza determinados elementos de gestión de mercado. Si trata de un común espíritu, de una orientación prioritaria hacia el sistema social, donde en las áreas económicas, sociales, científicas y políticas se incentivan los modelos fundados sobre el principio del sujeto social común, y la instancia principal es el colectivo orgánico, de viejo o nuevo tipo.

Nueva conciencia ecológica

La sociedad eurasianista debe ser construida sobre una profunda consideración hacia el factor ecológico. Es típico de la época moderna la relación con el ambiente circundante como un escenario pasivo, privado de vida, que el hombre activo y libre modela en función de su voluntad; tal relación ha conducido a la humanidad al límite de la catástrofe global. Este enfoque es producto de la inercia, pero también de los arquitectos del «nuevo orden mundial», La socialidad eurasianista debe ser fundada sobre motivos opuestos: sobre la consideración prioritaria de una ecología profunda. Esto implica una especial relación con el ambiente como una realidad viva, sustancial, significante, en la cual el hombre tiene un lugar asignado, que implica una responsabilidad en cuanto a la observación del equilibrio entre las partes constituyentes y el conjunto natural. La sociedad eurasianista debe ser construida sobre la base de una atenta reflexión sobre el ambiente natural, sobre la armonía con éste, sobre la preocupada intervención en los ecosistemas y una manipulación extremadamente delicada. La conciencia ecológica debería convertirse en el tipo de conciencia dominante.

Nueva salvaguardia y «revolución conservadora»

La sociedad eurasianista debe fundarse sobre el principio de la salvaguardia, sobre la conservación. Pero no en referencia a las instituciones políticas — y especialmente a aquellas que llevan en sí el sello de lo moderno — sino más bien las orientaciones culturales y psicológicas profundas, que definen la identidad de los pueblos, estados y comunidades. Deben conservarse especialmente los sujetos de los asertos profundos de la psicología étnica, agentes en los diferentes periodos históricos en distintas formas. Pero esta activa salvaguardia no contradice, de hecho, una activa dinámica social, dado que el curso objetivo de la historia requiere de la constante adaptación de los elementos esenciales al variar de las condiciones. El propio sistema, con sus estímulos, exige creatividad social, pero el sujeto último de una creatividad tal, mutando y transformándose, debe preservar el máximo de identidad. Tal combinación entre principio de salvaguardia (conservación) y principio de creación (revolución) es definida como «revolución conservadora».

Nuestro ideal de existencia de las religiones eurasianistas tradicionales (Ortodoxa, Islam, Budismo y residuos de antiguos cultos).

Descubrimiento de la misión ecuménica de la Iglesia Ortodoxa

A nivel religioso el Proyecto Eurasianista presupone la conservación y el «público» desarrollo del espíritu de la Tradición, de una renovada referencia a las fuentes religiosas de la humanidad. En este «retorno a las fuentes» consiste la misión religiosa de Rusia, entendida en su sentido más amplio. La forma axial de la Tradición en el Proyecto Eurasianista es la Iglesia Ortodoxa de Oriente, como depositaria del auténtico espíritu cristiano, preservadora de la dimensión universal de la tradición cristiana. La misión de la Ortodoxia no es estrictamente étnica, limitada a una religión concreta o a un periodo histórico determinado. Esta misión es ecuménica. Los rusos han comprendido tradicionalmente el carácter mesiánico de su Fe, consciente o intuitivamente han seguido el universal impulso hacia la afirmación de la Salvación, del Bien y de lo Justo. Para la conciencia ortodoxa el «nuevo orden mundial» se identifica con la «venida del Anticristo». Por este motivo la oposición a éste, y la afirmación de una alternativa global religiosa, ética y de concepción del mundo, es un deber no solamente social, sino religioso, de los cristianos.

La delgada línea de la identificación escatológica del «nuevo orden mundial» con el «príncipe de este mundo» hace de la Ortodoxia una realidad axial de la resistencia religiosa a escala mundial, ya que en otras religiones tradicionales el aspecto escatológico no se presenta de forma tan clara y acentuada. La Ortodoxia se convierte en el polo geopolítico y religioso del Proyecto Eurasianista. Pero atribuir tal puesto central no significa, en ningún caso, disminuir el valor de las otras confesiones tradicionales eurasiáticas.

Unión de las religiones tradicionales

Las confesiones euroasiáticas, variadas desde el punto de vista dogmático e irreductibles a un esquema común, poseen un conjunto de características que las unen. Esto se refiere no tanto a la vertiente dogmática como al tipo psicológico de la religiosidad oriental — más contemplativo que activo, más paradójico que racional, más vinculado al aspecto eterno de las cosas que a los procesos históricos. Estas características psicológicas comunes ofrecen las bases para una unión de las confesiones tradicionales euroasiáticas, sin que se produzca una mezcla de los principios de fe o imponer a otros tesis doctrinales inaceptables. La unión de las religiones tradicionales de Eurasia debe representar un acuerdo geopolítico y cultural fundado en la observación de los derechos soberanos de libertad correspondientes a cada pueblo y a cada hombre.

Cristianismo, Islam, Budismo, Hinduismo, Taoísmo y cultos arcaicos

En Eurasia aparecen como religiones dominantes el Cristianismo (ortodoxo), el Islam, Budismo, el Hinduismo, el Confucianismo, el Taoísmo y algunos cultos arcaicos locales. La unión eurasianista de las religiones debe fundarse sobre la coordinación cultural y geopolítica de estas confesiones a nivel de predicación (sermones) común, regulación de los posibles conflictos interconfesionales, desarrollo de un estilo común eurasianista de tradicionalismo religioso, basado en el respeto de los derechos de todas las religiones eurasianistas. A la degeneración del elemento religioso en Occidente — al nivel del materialismo ateo práctico, cultos artificiales y extravagantes (a menudo totalitarios) y modelos «racistas» de fundamentalismo católico-protestante, fundados en el odio hacia las religiones eurasiáticas — Eurasia debe oponer un nuevo tradicionalismo, un universal y estable retorno a las raíces religiosas.

2.2.   Nuestro ideal de relaciones inter-étnicas en Rusia-Eurasia

Necesidad de una política especial de preservación de las etnias como supremo valor de la historia

Los pueblos y las etnias representan el supremo valor y sujeto de la historia humana. Éstos viven de acuerdo con los ciclos orgánicos naturales, con las oleadas de mutaciones etcétera. En ciertos momentos de su historia las etnias pueden mezclarse, en otros pueden preservarse rígidamente en las características propias. Se trata de un proceso extremadamente delicado, y cualquier interferencia en el mismo — fusión artificial, aislamiento artificial, la reubicación planificada de los pueblos etcétera — conduce a colosales e irremediables catástrofes. Por este motivo el modelo propuesto por el mundialismo, de mezcla universal de pueblos y razas es tan peligroso, en la medida que supone la desacreditación de la teoría nacionalista de la «pureza de la raza». Este tipo de proyectos groseros conducen directamente al etnocidio. La actitud eurasianista hacia las etnias es de salvaguardia, parte de la necesidad de proteger cada grupo étnico desde la perspectiva de la desaparición histórica. Ya se trate en relación a las grandes etnias, como de aquellas poblaciones que no cuentan con más de un centenar de representantes. En cualquier caso las etnias son objeto de protección tanto frente a los dogmatistas de la mezcla universal como de las agresiones xenófobas de los nacionalistas. El Eurasianismo como modelo presupone la afirmación de las diferencias étnicas, pero excluye por esa misma razón las fobias, la hostilidad hacia las mezclas. En un momento dado y una situación concreta la mezcla puede resultar inevitable y positiva (los Grandes-Rusos asumieron el nivel de nación por la vía de la mezcla de los eslavos con los turcos y los ugros). Pero sus parámetros y sus dimensiones deben ser definidos natural y orgánicamente, con la máxima delicadeza.

Diferencialismo creativo y demografía

El pluralismo étnico eurasianista debe ser creativo. En el ámbito de la cuestión demográfica deben realizarse proyectos orientados a la conservación de un equilibrio demográfico positivo o nulo, así como para evitar la desaparición de las etnias. La responsabilidad común hacia el destino continental de Eurasia por parte de los representantes de las diferentes élites étnicas, religiosas, estatales y sociales debe mostrarse en acuerdos flexibles concernientes a políticas étnicas y demográficas, teniendo en consideración todos los factores tradicionalmente influyentes en cada región concreta, y en el interior de cada etnia. La finalidad es el desarrollo de un esfuerzo común en la conservación de aquel equilibrio étnico en Rusia y, más en general, en el potencial bloque eurasianista y que ha existido hasta el día de hoy. Es necesario introducir correcciones extraordinarias en aquellas tendencias catastróficas que amenazan con la degeneración y la desaparición a los pueblos particulares (en particular el pueblo ruso, el eje sobre el que descansa la construcción eurasianista).

Relación dual en relación a los procesos de mezcla étnica; apertura a nivel de élite, limitación a nivel de masa

El modelo flexible de diferenciación eurasianista en sus términos más generales puede estructurarse según el siguiente principio: actitud tolerante hacia la mezcla étnica a nivel de élite, cauteloso a nivel de masa. De este modo la elección de los casos individuales permanece abierta en función del derecho y la libertad de cada ciudadano particular. Precisamente esta actitud ha sido característica del enfoque de la cuestión étnica en las sociedades tradicionales, que bajo muchos aspectos han formado los modelos sociales de conducta de los pueblos modernos. Tal modelo es orgánico y natural. Más allá de todo esto, contribuirá al universalismo y a la amplitud cultural de vistas de la élite dirigente de Eurasia, capaz de abrazar una notable variedad cultural y étnica; pero al mismo tiempo contribuirá a la conservación de la creatividad vital de los centros étnicos manteniendo la invariabilidad de las identidades tradicionales y formando nuevos cuadros para la élite pan-europeísta.

2.3. Nuestro ideal de estrategia de civilización de Rusia

Las prioridades civilizatorias deben ser puestas por encima de aquellas nacionales, estatales y confesionales

El Proyecto Eurasianista para Rusia comporta que los criterios geopolíticos y de civilización sean colocados por encima de todos los demás. Con la entrada en el siglo XXI Rusia entra en una fase decisiva de la oposición entre civilizaciones, a partir de la cual se definirá de una vez por todas el éxito: vencerá definitivamente, y de forma irrevocable, al modelo atlantista de sistema mundial, con todo el agregado de preocupantes tendencias religiosas, culturales, económicas y políticas que éste trae consigo. O el Eurasianismo llega a afirmarse a escala planetaria como una alternativa global, habiendo demostrado su legitimidad histórica, así como justificando la predestinación eurasianista a nivel continental. Por esta razón el fin supremo, la función suprema de la existencia histórica de Rusia adquiere una forma nítida y se reduce a la ejecución de una misión geopolítica claramente formulada. El baremo geopolí- tico y de civilización debería ser la unidad de medida y el criterio para todas las demás esferas de desarrollo de Rusia — económica, social, política etcétera. Será posible en un futuro próximo tener fe en esta misión, poner las bases de la alternativa eurasianista global en el «nuevo orden mundial», todos los demás niveles, paso a paso, podrán desarrollarse, normalizarse y ordenarse en condiciones óptimas. Pero en las primeras fases todo deberá subordinarse a la central función geopolítica. A partir de aquí será posible — y se debe tener en cuenta — que incluso un desarrollo bastante eficiente del sector económico, social, cultural o político de Rusia, aunque éste se produzca al margen de la realización del principal Proyecto geopolítico y de civilización (o en detrimento de éste), en el medio y largo plazo no proporcionará resultado positivo alguno ni hará alejarse la catástrofe final, que inevitablemente tendrá como fin la instauración en Rusia del «nuevo orden mundial».

Estructura de las fuerzas armadas eurasianistas

El Proyecto Eurasia podrá realizarse en el caso de que Rusia sepa conservar y consolidar su potencial nuclear y estratégico, cumpliendo una serie de pasos decisivos en la elaboración e introducción de armamentos de nueva generación. Realizar la alternativa eurasianista por la vía evolutiva, sin involucrar a la humanidad en una dictadura planetaria, en una catástrofe ecológica y en una guerra civil total a escala mundial, es posible en la medida en la que el potencial bélico de los países de la OTAN y de Rusia (incluidos sus aliados militares: Bielorrusia etcétera) permanezcan en sustancial equilibrio, y la amenaza del empleo de armas de tipo estratégico contra los países de la OTAN amenaza con contener eficazmente los planes neocoloniales del Atlantismo. Armamento nuclear, sistema ruso de defensa antimisiles, novedosas investigaciones tecnológicas en el complejo militar-industrial ruso; he aquí los principales presupuestos de la posibilidad de cumplir la misión histórica de Rusia. En virtud de tal circunstancia, los objetivos principales de Rusia serán el reforzamiento del sector estratégico de las Fuerzas Armadas, la activación de las investigaciones en el sector de los armamentos y la alta tecnología, el mantenimiento de la disposición al combate de las Fuerzas Armadas, el sistema de control etcétera. El ejército ruso y el complejo militar-industrial ruso , su reforma estructural y su activa consolidación y desarrollo deben ser las máximas prioridades de la política eurasianista. El destino de Rusia , y de Eurasia, en cuanto a civilización, depende directamente de la cualidad de las Fuerzas Armadas.

Pactos militares

La relevancia y centralidad de las Fuerzas Armadas rusas (y especialmente de su sector estratégico) debe comportar la creación de una serie de pactos militares, requeridos para garantizar la seguridad del bloque eurasianista a lo largo de sus fronteras estratégicamente relevantes. El principal de los pactos es la alianza militar ruso-iraní, que por primera vez en la historia podría abrir a Rusia el acceso a los «mares cálidos» y permitiría la disposición de armamentos estratégicos rusos sobre la costa meridional de Eurasia.

Dado que Irán está estratégicamente orientado contra el dominio de Occidente y está guiado en su política exterior por prioridades eurasianistas, los presupuestos objetivos para tal pacto militar están presentes. Desde una perspectiva a medio plazo el eje militar Moscú-Teherán está en condiciones de organizar un espacio estratégico de fuerza contrapuesto a Occidente en el Próximo Oriente, el Cáucaso y en Asia Central.

Entre los países árabes, los pactos militares deben ser concretados con Irak, Siria y Libia, lo que permitirá a Eurasia obtener unas cotas de control sobre un espacio en el Mediterráneo.

En la Europa Oriental es importante un pacto militar con la Serbia ortodoxa, y más allá de neutralizar (o mejor todavía, de atraer al propio bando) a los países ortodoxos (Bulgaria, Rumanía, Grecia, Macedonia etcétera), favoreciendo su alejamiento de la OTAN. Otro pacto fundamental es la alianza militar de Moscú con la India y China. (Si bien esperar una estrecha relación geopolítica con China sea muy poco posible, desde el momento que entre Moscú y Pekín existen demasiadas contradicciones estratégicas, y muy posiblemente,ante una situación crítica, China actuará de base costera del Atlantismo).

Paralelamente a la conclusión de los pactos militares en el ámbito de Eurasia, es necesario apoyar activamente los procesos de fraccionamiento de la unidad de los países de la OTAN y contribuir a la neutralidad estratégica de la región centroeuropea (más en general a la totalidad de Europa) y de la región del Pacífico.

Es muy importante para la conclusión de tales pactos estratégicos demostrar que no se trata de una cuestión de similitud religiosa, ideológica o política de los participantes en el Bloque Eurasianista, sino la unidad ante un objetivo común — la oposición a la hegemonía atlantista, a la instauración privativa de un «nuevo orden mundial» de Estados Unidos y de un «gobierno mundial» oligárquico. De modo que una determinada alianza militar persigue un fin defensivo y, aquel que más cuenta, de liberación garantizando condiciones geopolíticas de soberanía para todos los estados y pueblos frente a la ofensiva planetaria del modelo mundialista, que comporta la privación de tal soberanía.

Comunidad de servicios informativos eurasianistas de «nuevo tipo»

Para una conducción eficaz de la política eurasianista Rusia necesita una profunda reforma de los sistemas militares de inteligencia y, particularmente, de los servicios de información y contrainformación. Es necesario constituir una estructura informativa de nuevo tipo, análoga a los servicios informativos geopolíticos del Atlantismo, que actúe también a nivel supraestatal y supranacional, guiada no solamente por los intereses de Rusia, sino por las prioridades geopolíticas y de civilización con la creación de un amplio Bloque Eurasianista.

Puntos de referencia que los servicios secretos geopolíticos deben crear:

- la creación (o reconstrucción) de un lobby geopolítico eurasianista en los países extranjeros y en Occidente (con la interacción de todas las fuerzas sociales, políticas, culturales, religiosas e ideológicas que, por un motivo u otro, disienten con la instauración del «nuevo orden mundial», con la supremacía totalitaria de la «ideología liberal», etcétera);

- la organización de una constante tendencia filo-eurasianista, integración en el ámbito de las élites políticas, culturales y econó- micas de los países potencialmente aliados de Rusia en el Bloque Eurasianista.

- la delimitación operativa, identificación, aislamiento y eliminación de los grupos de influencia geopolítica atlantista activos en Rusia y en las otras potencias eurasiáticas aliadas.

Manipulación de los procesos caóticos

La posibilidad de verificar en un futuro procesos caóticos a escala mundial, vinculados a catástrofes sociales, ecológicas, técnicas y psicológicas, es valorada por los expertos atlantistas como un espectro de «nuevos retos» para el dominio americano y la estabilidad del «nuevo orden mundial». El factor caótico, de este modo, se convierte en un instrumento esencial en la conducción de la estrategia eurasianista. La manipulación artificial de este factor, y su utilización controlada y limitada a fines estratégicos, representa una importante directriz de elaboración estratégica del Proyecto Eurasianista en su componente «cratopolítica» (de fuerza).

Nuestro ideal de funcionamiento de los medios de información de masas: los *mass-media* eurasianistas.

Los *mass-media* controlados por Eurasia

El factor de influencia de los medios de información de masas en la realidad actual es un factor estratégico de vital importancia. Por este motivo el Proyecto Eurasia depende en gran medida del control del centro estratégico eurasianista sobre el sistema de los *mass-media* rusos y los *mass-media* de los demás potenciales participantes del Bloque Eurasianista, así como de la eficaz propagación de la línea eurasianista en el espacio informativo general. En las condiciones del «nuevo orden mundial» la mediocracia juega el papel central en la programación social de la población terrestre para la introducción de un eje de civilización constituyente del mundialismo. La mundialización de los *mass-media* precede entonces a la instauración del «nuevo orden mundial» a nivel político preparándolo.

Ventajas de los *mass-media* interactivos de nueva generación

El desarrollo de los sistemas de información determinará en un breve espacio de tiempo la difusión universal de instrumentos de comunicación interactiva, como Internet. En los ambientes interactivos al usuario se le da la libertad de elección entre fuentes de información incomparablemente más amplias que en el caso de los *mass-media* tradicionales. El desarrollo tecnológico de los sistemas interactivos hace que el receptor de información se acerque, de forma gradual, al potencial técnico de su creador y difusor, algo que estaba excluido en el caso del funcionamiento de los *mass-media* tradicionales. El Proyecto Eurasia debe favorecer esta tendencia tecnológica en su conjunto con un eficiente uso de los *mass-media* tradicionales, para lo cual debe desarrollar una red eurasianista de información interactiva, preparación de la plataforma logística para la creación de una «Eurasia virtual» — sistema de *mass-media* interactivos, portador de una introducción informativo-analítica, psicológica y cultural de los principios de la conciencia eurasianista, alternativa en relación a los clichés del «nuevo orden mundial».

Tres estadios de desarrollo de los *mass-media* eurasianistas

A nivel de estrategia general de los *mass-media* eurasianistas se pueden plantear tres estadios, que pueden ser desarrollados de forma paralela:

- oposición a la mundialización de los *mass-media* en función del esquema del orden atlantista (para este objetivo, usar eficazmente la especificidad de las transmisiones y la prensa local, la localización, la conexión con el ambiente lingüístico, la oposición directa y el sabotaje de los proyectos universalistas tipo CNN, BBC etcétera);

- desarrollo de *mass-media* nacionales, controlados por las instancias estatales vinculadas a una planificación estratégica;

- creación de un sistema alternativo planetario de mass-media, portador de la línea eurasianista en la clarificación informativa y análitica de los eventos fundamentales.

2.4. Nuestro ideal de sistema jurídico: el «derecho de los pueblos»

Transición hacia el concepto de «derecho de los pueblos»

El Proyecto Eurasianista requiere de una revisión a vasta escala de las categorías jurídicas dominantes en el mundo occidental, especialmente del concepto de «derechos humanos», el fundamento axial para la civilización atlantista. La teoría jurídica de los «derechos humanos», como base del derecho universal, es la etapa conclusiva de la afirmación de la filosofía del individualismo en Occidente. El concepto de «derechos humanos» es inseparable de las restantes tendencias fundamentales del «nuevo orden mundial» y es su expresión jurídica. La alternativa eurasianista asume como fundamento un concepto jurídico completamente diferente — el concepto de «derecho de los pueblos» o de «derecho de las comunidades». El concepto de «pueblo» debe ser asumido como categoría jurídica fundamental, como principal sujeto del derecho internacional y civil. De un modelo tal surge un esquema completamente nuevo de mutuas relaciones jurídicas entre el ciudadano y la suprema autoridad legislativa, tradicionalmente vinculada al Estado pero — en las condiciones del «nuevo orden mundial» — gradualmente destronada por las instancias del «gobierno mundial». En el centro del derecho eurasianista está el pueblo, como sujeto jurídico fundamental. El ciudadano y el individuo es jurídicamente responsable frente a su pueblo y al régimen legítimo que éste, históricamente formado en base a múltiples factores — religiosos, étnicos, culturales etcétera. La pertenencia étnica, religiosa y cultural pone al ciudadano en este o aquel diferente contexto jurídico. Los mismos pueblos, en la persona de sus instancias elitistas plenipotenciarias (definidas ellas mismas en función de métodos diferentes, sobre la base de la tradición) son jurídicamente responsables frente al gobierno supremo del bloque geopolítico — del órgano supremo de la federación eurasianista. De este modo, el modelo jurídico eurasianista representa la combinación entre derecho federativo, donde el sujeto de pleno derecho de la federación eurasianista es el «pueblo», y «derecho estraté- gico» que regula las relaciones recíprocas entre los sujetos de la federación, por un lado, y entre cada uno de ellos y la autoridad central, por otro lado.

Jurisprudencia «discriminatoria»

El modelo jurídico eurasianista se funda sobre la perspectiva diferenciada del código del derecho civil y criminal, en dependencia del contexto nacional o regional. Se atribuye una especial atención a la recuperación de los fundamentos de los modelos jurídicos religiosos, que aproximan la normativa confesional, social y moral y atribuyen al ámbito legislativo un carácter confesional y ético. Las variaciones en las instituciones jurídicas de los varios contextos étnicos, culturales y confesionales pueden ser las más amplias y multiformes. Solo una mínima parte de los artículos y documentos jurídicos se remiten al nivel estratégico. El primer imperativo categórico de cualquier ciudadano — independientemente de la pertenencia confesional y étnica — es mantener la propia lealtad hacia el Estado eurasianista.

Sistema geo-jurídico, códigos especiales para las aglomeraciones pluriconfesionales y las megalópolis

Más allá de los condicionamientos de la multiformidad étnica y confesional sobre los sistemas legales, las variaciones jurídicas que puedan plantearse en las legislaciones de las unidades administrativas particulares, y en conformidad a los tratados regionales. Más allá de esto tenemos las aglomeraciones complejas y las megalópolis multiétnicas y pluriconfesionales, y también los sectores con características socio-profesionales particulares, que pueden poseer en sus propios códigos legales diferencias significativas, reflejo de especificidades concretas.

2.5.   Sistema eco-jurídico

Los factores ecológicos deben ubicarse en un lugar relevante dentro del derecho eurasianista, consolidando, a través de la vía legislativa, las normas vinculadas al enfoque ecológico en relación al espacio circundante.

- Enero del 2001

3

La visión eurasianista. Principios básicos de la plataforma doctrinal eurasianista

«Según el 71 % de los ciudadanos rusos entrevistados, Rusia pertenece a una cultura peculiar, eurasiana u ortodoxa y, por lo tanto, no debe seguir las pautas del desarrollo occidental. Solo el 13 % de la población considera que Rusia pertenece a la cultura occidental».

(Sondeo del Vciom, Centro Pan-ruso para el Estudio de la Opinión Pública, 2-5 noviembre del 2001)

3.1. El signo de los tiempos

CADA ÉPOCA HISTÓRICA tiene su peculiar «sistema de coordenadas»: políticas, ideológicas, económicas y culturales.

Por ejemplo, el siglo XIX en Rusia se desarrolló bajo el signo de la disputa entre «eslavófilos» y «occidentalistas» (zapadniki). En el siglo XX, la línea de demarcación era entre «Rojos» y «Blancos». En el siglo XXI será la insignia de la oposición entre «Atlantistas»[4] (los que apoyan al «mundialismo unipolar»[5]), y los eurasianistas[6].

El eurasianismo (en su acepción pretendidamente histórica), es una corriente filosófica nacida en la década de los años 20 entre los emigrados rusos. Sus autores fundamentales son N. S. Trubetskoï, P. N. Alexeiev, V. G. Vernadsky, V. I. Ilyn, P. P. Suvchinski, E. Khara-Davan, Ya. Bromberg y otros. A partir de los años 50, y hasta la década de los 80, esta corriente fue desarrollada y profundizada

---

[4]*Atlantismo*: Término geopolítico que designa: 1) desde el punto de vista histórico y geográfico, el sector occidental de la cultura mundial; 2) desde el punto de vista estratégico-militar, los países miembros de la OTAN (en especial los Estados Unidos); 3) desde el punto de vista cultural, las redes de información unificadas y creadas por los imperios mediáticos occidentales; 4) desde el punto de vista social, el «sistema de mercado» único, que anula todas las restantes formas de organización de la vida económica. Atlantistas: estrategas de la civilización occidental que apoyan esta postura desde otros lugares del planeta, los cuales se esfuerzan en someter al mundo entero bajo su control y en imponer estereotipos sociales, económicos y culturales típicos de la cultura occidental al resto de la humanidad. Los Atlantistas son los promotores del «Nuevo Orden Mundial», un sistema mundial sin precedentes, de la que se benefician una exigua minoría de la población del planeta, denominado «la milla dorada».

[5]*Mundialismo*: Se entiende como «mundialización» el proceso construcción del «Nuevo Orden Mundial», en el centro del cual se coordinan los grupos oligárquicos político-financieros de Occidente. Las víctimas de este proceso son los Estados soberanos, las culturas nacionales, las doctrinas religiosas, las tradiciones económicas, los símbolos de la justicia social y el ambiente natural: las diversidades espirituales, intelectuales y materiales presentes sobre la faz de la tierra. El término «mundialismo unipolar», es decir, no la fusión de distintas culturas o sistemas socio-políticos y económicos en una creación nueva (con la cual se entendería un «mundialismo multipolar» o «mundialismo eurasianista»), sino más bien la imposición de estereotipos occidentales a toda la humanidad.

[6]*Eurasianismo*: En el sentido más general es un término geopolítico que viene a indicar: 1) desde el punto de vista histórico y geográfico al mundo entero, con la exclusión del sector occidental de la civilización mundial; 2) desde el punto de vista estratégico-militar, todas las naciones que no aprueban la política expansionista de los Estados Unidos y sus aliados de la OTAN; 3) desde el punto de vista cultural, la conservación y el desarrollo de tradiciones culturales orgánicas, nacionales, étnicas y religiosas; 4) desde el punto de vista social, las diferentes formas de vida económica y la «sociedad socialmente justa».

por L. N. Gumeliev.

El *neo-eurasianismo*, surgido a finales de los años 80, ha implementado el ámbito de la concepción tradicional del eurasianismo, combinándolo con los nuevos bloques de ideas y de metodologías (tradicionalismo, geopolítica, metafísica, «Nueva Derecha», «Nueva Izquierda», «Tercera Vía» en economía, teoría del «Derecho de los Pueblos», ecología, filosofía ontológica, vectores escatológicos, nueva comprensión de la misión universal de Rusia, perspectiva paradigmática de la historia de la ciencia, etcétera).

Contra la instauración del orden universalista *atlantista* y contra la mundialización, se yerguen los partisanos del mundo multipolar: los *eurasianistas*. Los eurasianistas defienden por principio de necesidad la preservación de la existencia de cada pueblo de la tierra, la fecunda diversidad de las culturas y tradiciones religiosas, el imprescriptible derecho de los pueblos a elegir de manera independiente su propia vía de desarrollo histórico. Los eurasianistas acogen al conjunto de las culturas y de los sistemas de valores, el diálogo abierto entre los pueblos y las culturas, la orgánica combinación entre devoción por las tradiciones y el impulso creador.

Los eurasianistas no solo son representantes de los pueblos que viven en Europa. Ser eurasianista es una elección consciente que significa combinar la aspiración a la conservación de las formas de la vida tradicional y, al mismo tiempo, la aspiración al desarrollo libre y creativo (social e individual). De esta manera, los eurasianistas son todos personalidades libres y creativas que reconocen el valor de la tradición; entre ellos figuran también representantes de aquellos países que, objetivamente, forman la base del Atlantismo.

Eurasianistas y Atlantistas son opuestos en todo.

Defienden *dos imágenes del mundo y de su devenir*, dos imágenes diferentes, alternativas, que se excluyen mútuamente. Es la oposición entre los eurasianistas y los atlantistas la que define la línea histórica del siglo XXI.

3.2.   La visión eurasianista del mundo futuro

Los eurasianistas defienden lógicamente el principio de la *multipolaridad*, oponiéndose al mundialismo unipolar impuesto por los atlantistas.

Como polos de este nuevo mundo, ya no serán los Estados tradicionales, sino un gran número de nuevas formaciones culturalmente integradas («grandes áreas»), unidas en «arcos geoeconómicos» («zonas geo-económicas»).

Según el principio de la multipolaridad, el futuro del mundo es imaginado según una asociación de iguales y benévolas relaciones entre todos los países y pueblos, los cuales serán organizados — según un principio de contigüidad geográfica, de cultura, de valores y civilización — en cuatro arcos geoeconómicos (cada uno de ellos formado por «grandes áreas»).

- **El arco euro-africano**, comprende tres «grandes áreas»: la Unión Europea, el África árabo-islámica y el África negra sub-tropical.

- **El arco Asiático-Pacífico**, comprende a Japón, las naciones del sudeste asiático e Indochina, Australia y Nueva Zelanda.

- **El arco continental euroasiático**, comprende cuatro «grandes áreas: Rusia y las naciones de la Comunidad de los Estados Independientes (CEI), los países islámicos continentales, la India y China.

- **El arco americano**, comprende tres «grandes áreas»: América del Norte, América Central y América del Sur.

Gracias a esta organización del espacio internacional, las guerras mundiales, los sanguinarios conflictos y las formas extremas de confrontación, amenazas para la existencia misma de la humanidad, llegarán a ser menos probables.

Rusia y sus aliados del arco continental eurasiático establecerán relaciones armónicas no solo con los arcos vecinos (el euro-africano y el Asiático-Pacífico), sino también con los arcos ubicados en las antípodas, es decir, el arco americano, que está llamado a desempeñar un papel constructivo en el hemisferio occidental, en el contexto de una estructura multipolar.

Una visión tal de la humanidad futura está en oposición a los planes mundialistas de los atlantistas, orientada a crear un mundo unipolar, estereotipado, bajo el control de las estructuras oligárquicas occidentales y con la perspectiva de crear el «gobierno mundial».

3.3. La visión eurasianista de la evolución del Estado

Los eurasianistas consideran al Estado-Nación, en sus características actuales, como una forma obsoleta de organización de los espacios y de las poblaciones, típica del periodo histórico que va desde el siglo XV al siglo XX. En el lugar del Estado-Nación deberán emerger nuevas formas políticas, enfocadas a combinar la unificación estratégica de las grandes áreas continentales con el sistema multidimensional complejo de las autonomías nacionales, culturales y económicas. Determinadas características de una organización tal de las áreas y de los pueblos, puede reencontrarse en los antiguos imperios del pasado (por ejemplo el imperio de Alejandro Magno, el Imperio Romano etcétera) y en las más recientes estructuras políticas (Unión Europea, CSI).

Los Estados contemporáneos afrontan hoy las siguientes perspectivas:

Autoeliminación e integración en un único espacio planetario bajo el dominio de los Estados Unidos (Atlantismo, mundialización).

Oponerse a la mundialización intentando preservar las propias estructuras administrativas (soberanía formal) frente a la mundialización.

Entrar en las formaciones supraestatales de nivel regional («grandes áreas») sobre la base de una comunidad histórica, cultural y estratégica.

La tercera perspectiva es la variante eurasianista. Desde el punto de vista del análisis eurasianista, esta es la única vía de desarrollo capaz de conservar todo aquello que tiene un mayor y más original valor, y que los Estados contemporáneos están llamados a salvaguardar contra la mundialización. La simple aspiración conservadora de preservar el Estado a toda costa está condenada al fracaso. La orientación consciente de los dirigentes políticos a someterse al proyecto mundialista es considerado, por los eurasianistas, como una renuncia a aquellos valores correlativos cuya conservación debe ser un deber de los Estados «históricos» frente a sus ciudadanos.

El siglo XXI será el escenario de la decisión fatal de las élites políticas contemporáneas en relación a la elección de estas tres posibles perspectivas. La lucha por la tercera variante de desarrollo se encuentra en la base de una gran coalición de fuerzas políticas, en connivencia con la filosofía eurasianista.

Los eurasianistas consideran a la Federación Rusa y a la CSI como el núcleo de una futura formación política autónoma: la «Unión Eurasiana» («núcleo eurasiano») y, en consecuencia, uno de los cuatro arcos geoeconómicos mundiales (el «bloque continental eurasiano»).

Al mismo tiempo, los eurasianistas están convencidos de las posibilidades de desarrollo de un sistema multidimensional de autonomías[7].

El principio de la autonomía multidimensional es visto como la estructura organizadora óptima de la vida de las poblaciones y de los grupos étnicos y socio-culturales, en el seno de la Federación Rusa, así como en la Comunidad Europea, en el «arco continental eurasiano» como en todas las restantes «grandes áreas» y «arcos geoeconómicos» («zonas»).

Todos los territorios de nueva formación político-estratégica

---

[7]*Autonomía*: del griego antiguo «autogobierno». Forma de organización natural de un grupo de personas, unidas por un elemento caracterizante cualquiera (nacional, religioso, profesional, familiar etcétera). Un trazo distintivo de la autonomía es una mayor libertad nacida en aquellos ámbitos que no se relacionan con el interés estratégico de las formaciones políticas de dimensiones continentales.

(«grandes áreas»), deberán someterse a la autoridad directa de un centro gubernamental estratégico. Con la autonomía, deberán resolver las cuestiones vinculadas a los aspectos no territoriales del gobierno de las comunidades.

3.4. Los principios eurasianistas de la división de los poderes

El principio eurasianista de la autoridad política presupone dos niveles de gobierno diferentes: local y estratégico.

A nivel local, el gobierno es ejercido a través de las autonomías, compuestas por asociaciones de diferentes tipologías (desde varios millones de individuos hasta las pequeñas colectividades compuestas por un exiguo número de trabajadores). Este gobierno actúa en absoluta libertad y no está dirigido por una autoridad superior. El modelo para un determinado tipo de autonomía es elegido libremente, procediendo de la tradición, de la predisposición, de la expresión democrática directa de la voluntad de la colectividad orgánica: sociedades, categorías y organizaciones religiosas.

Bajo la autoridad de las autonomías se encuentran:

- cuestiones civiles y administrativas;

- el sector social;

- la educación y la asistencia médica;

- todos los ámbitos de la actividad económica.

Prácticamente, todo aquello que se encuentra fuera del ámbito estratégico y de las cuestiones que se relacionan con la seguridad y la integridad territorial de las «grandes áreas».

El nivel de libertad de los ciudadanos, gracias a la organización de la sociedad según los modelos eurasiáticos de autonomía, sería de un grado jamás alcanzado con anterioridad. El hombre tendría la posibilidad de autorrealización y de desarrollo creativo nunca visto antes en la historia de la humanidad.

Las cuestiones de seguridad estratégica, la actividad internacional más allá del cuadro del área continental, las cuestiones superiores de economía, el control de los recursos estratégicos y de las comunicaciones, se encuentran bajo la autoridad de un *centro estratégico único*[8].

Los dominios de competencia de los niveles de poder estratégico y local están estrechamente delimitados. Cada intento de introducir autonomía en zonas de competencia del centro estratégico único, deberá ser destruida. Aunque la misma tendencia deberá imponerse en caso contrario.

De esta manera, los principios de gobierno eurasiano unifica orgánicamente el derecho tradicional y religioso, las tradiciones nacionales y locales, teniendo en cuenta todas las riquezas de los regímenes sociopolíticos que se han formado en el curso de la historia, ofreciendo como consecuencia una sólida garantía de estabilidad, de seguridad y de inviolabilidad territorial.

3.5. La visión eurasianista de la economía

Los atlantistas se preocupan de imponer a todo el mundo un modelo único de construcción económica, erigiendo la experiencia de desarrollo económico de la civilización occidental del siglo XXI sobre el fundamento de una regla.

Los eurasianistas, al contrario, están convencidos de que los sistemas económicos derivan de las peculiares características históricas-culturales de desarrollo de las poblaciones y de las sociedades, y con consecuencias en el ámbito económico, con la adecuación a la

---

[8] *Centro estratégico único*: definición convencional para todas las eventualidades en las cuales el control viene delegado al gobierno regional estratégico de las «grandes áreas». Se trata de una estructura jerárquica rígida, que une elementos de institución militar, jurídica y administrativa. Es el polo de la planificación geopolítica y del gobierno de las «grandes áreas».

diversidad, a la pluralidad de sistemas, a la investigación creativa y el libre desarrollo.

Únicamente el ámbito estratégico a mayor escala, vinculado a la necesidad de asegurar la seguridad general (el complejo militar e industrial, los transportes, los recursos, la energía y las comunicaciones) deben ser sometidas a un rígido control. Todos los demás sectores económicos deben desarrollarse libre y orgánicamente según condiciones y tradiciones autónomas concretas, donde la actividad económica ocupe naturalmente su lugar.

El eurasianismo llega a la conclusión de que en el ámbito económico no existe una verdad absoluta: las investigaciones del liberalismo[9] y del marxismo[10] no pueden ser aplicadas más que parcialmente, y en función de las condiciones concretas. En la práctica, es verdaderamente necesario combinar las diferentes formas planteadas por los distintos enfoques, tanto con el libre intercambio como en el control de los ámbitos estratégicos, así como de operar la redistribución de los beneficios en función de los objetivos nacionales y sociales de la sociedad en su conjunto. De este modo, el eurasianismo se adapta al modelo de la «tercera vía[11]» en economía.

La economía eurasianista debe apoyarse sobre los siguientes principios:

- Subordinación de la economía a los más elevados y determinados valores espirituales y de civilización.

---

[9] *Liberalismo*: doctrina económica que sostiene la total libertad de mercado y la privatización de cada instrumento económico para crear las condiciones óptimas del crecimiento económico. El liberalismo es el dogma económico de los atlantistas y de los mundialistas.

[10] *Marxismo*: doctrina económica por la cual solo el pleno control del proceso económico por parte de cualquier instancia social, la lógica de la planificación general obligatoria y la igual distribución de la plusvalía entre los miembros de la sociedad (colectivismo), puede poner las bases económicas de un mundo justo. El marxismo rechaza el mercado y la propiedad privada.

[11] *Economía de la tercera vía*: es el conjunto de las teorías económicas que unen el enfoque del mercado con una sección bien definida de la economía regulada sobre la base de un criterio más allá de éste, y bajo principios supra-económicos.

- Principio de la integración macroeconómica y división del trabajo en base a la escala de los «grandes espacios» (unión aduanera)

- Creación de un sistema financiero único, de transportes, de energía, de producción e información en el interior del espacio eurasiano. Fronteras económicas diferenciadas entre «grandes espacios» y «zonas geoeconómicas» cercanas.

- Control estratégico de parte del sistema central de los sectores que forman el propio sistema, y máxima libertad paralela de la actividad económica a nivel del medio y pequeño comercio.

- Unión orgánica de las formas de autoridad (estructura de mercado), con las tradiciones sociales, nacionales y culturales de los países (ausencia de una regla económica uniforme en las medias y grandes empresas).

3.6. La filosofía eurasianista de las finanzas

El centro estratégico único de la Unión Eurasiática debe considerar la importancia estratégica en lo que respecta a la cuestión del control de la circulación monetaria. Ningún medio de pago debe aspirar a la función de *divisa de reserva mundial*. Es necesario crear una auténtica divisa de reserva eurasiana, que tenga curso legal sobre el territorio perteneciente a la Unión Eurasiana. Ninguna otra divisa debe ser utilizada como divisa de reserva en la Unión eurasiana.

Por otro lado, se debe promover por todos los medios la creación de medios locales de pago e intercambio, que tengan curso legal en el interior de una o más autonomías fronterizas. Tal medida impide la acumulación de capitales destinados a fines especulativos y ofrece, muy al contrario, un estímulo a la circulación. Más allá de esto, se incrementa así el volumen de inversión en el sector real de la economía. Se consigue que los fondos sean invertidos allí donde pueden revertir de manera productiva.

En el proyecto eurasianista, el sector financiero es visto como un instrumento de producción real de intercambio, dirigido hacia los aspectos cualitativos del desarrollo económico. A diferencia del proyecto atlantista (mundialista), la esfera financiera no debe tener suerte alguna de autonomía (Financiarismo[12]).

La visión regional del mundo multipolar presupone diferentes niveles de divisas:

Moneda geoeconómica (dinero y papel divisa, que tiene curso legal en el interior de una zona geoeconómica determinada, como instrumento de relación financiera en el interior del centro estratégico de un conjunto de «grandes áreas»).

Moneda de las «Grandes áreas» (dinero y papel divisa, que tienen curso legal en el interior de uno de los «grandes espacios» establecidos, en particular forma en el interior de la Unión eurasiana, como instrumento de relaciones financieras entre las autonomías.

Moneda (las diferentes formas de intercambio) a nivel de las autonomías.

Las instituciones de emisión y de crédito financiero, bancas regionales, bancas de las «grandes áreas», bancas (o equivalentes) de las autonomías, deben ser organizadas en función de este esquema.

3.7. La actitud eurasianista hacia la religión

En la fe y en la herencia espiritual de los profetas, en el gran valor de la vida religiosa, el eurasianismo ve un carácter de renovación auténtico y de armonioso desarrollo social.

---

[12]*Financiarismo*: sistema económico de la sociedad capitalista en su fase post-industrial, resultado lógico del desarrollo ilimitado de los principios liberales en economía. Su característica distintiva implica la subordinación del sector real de la economía a las operaciones virtuales (mercado bursátil, títulos financieros, carteras de valores, operaciones sobre débitos internacionales, transacciones futuras, previsiones especulativas de las tendencias financieras etcétera. El financiarismo se basa en las políticas monetarias separando el sector monetario (divisas de reserva mundial, divisa electrónica) de la producción.

Los atlantistas rechazan por principio considerar otro elemento que no se remita a lo efímero, a lo temporal y el presente. En esencia, para ellos no existe ni pasado ni futuro.

Contrariamente, la filosofía eurasianista une la fe profunda y sincera en el pasado con una actitud abierta hacia el devenir. Los eurasianistas abrazan tanto la fidelidad a las fuentes como la libre búsqueda creativa. El desarrollo espiritual es para los eurasianistas el principio prioritario de la vida: su ausencia no puede encontrar compensación en los bienes económicos y sociales. Según los eurasianistas, cada tradición, religión o sistema de fe local, incluso el más insignificante, es patrimonio de la totalidad del género humano. Las religiones tradicionales, vinculadas a las diversas herencias espirituales y culturales, merecen la más extrema atención y el mayor interés. Las estructuras representativas de las religiones tradicionales deberán beneficiar y ser parte del centro estratégico. Los grupos cismáticos, las asociaciones religiosas extremistas, las sectas totalitarias, los predicadores de doctrinas y enseñanzas no tradicionales así como todas las demás fuerzas orientadas hacia la destrucción, deben ser activamente combatidas.

3.8. La filosofía eurasianista de la cuestión nacional

Los eurasianistas consideran que todos los pueblos del mundo, desde aquellos que han fundado grandes civilizaciones a aquellos menores, que han mantenido escrupulosamente sus tradiciones, conforman una riqueza de valor inestimable. La asimilación por influencia externa, la pérdida de la lengua o del modelo de vida tradicional, la extinción física de cualquier pueblo, es una pérdida irreparable para toda la humanidad.

La abundancia de poblaciones, de culturas y de tradiciones, es definida por los eurasianistas como «fecunda diversidad», un signo de desarrollo sano y armonioso de la civilización humana.

La Gran Rusia, bajo este punto de vista, representa un caso único de fusión de tres componentes étnicos (eslavo, turco y ugro-finés) en un único pueblo, con una tradición original y una rica cultura. La emergencia de la Gran Rusia a partir de la síntesis de tres grupos étnicos *contiene un potencial de integración de valor excepcional.* Por esta misma razón, Rusia se ha convertido, más que nunca, en el corazón de la unión de numerosos pueblos y de culturas diferentes en un único tejido civilizador. Los eurasianistas consideran que Rusia está destinada a jugar el mismo papel en el siglo XXI.

Los eurasianistas no son aislacionistas, en la misma medida en la cual no son partidarios de la asimilación a toda costa. La vida y el destino de un pueblo es un proceso orgánico que no tolera interferencia artificial alguna. Las cuestiones interétnicas e internacionales deben ser resueltas según una lógica interna. Cada población de la Tierra debe tener plena libertad para actuar de forma independiente, en función de sus propias elecciones históricas. Nadie tiene derecho a forzar a un pueblo a perder su carácter único para subsumirse en un melting pot mundial, como los atlantistas querrían.

Para los eurasianistas, el derecho de los pueblos no es menos importante que los derechos del hombre.

3.9. Eurasia como planeta

El eurasianismo es una filosofía, un proyecto geopolítico, una teoría económica, un movimiento espiritual, un núcleo para consolidar un largo espectro de fuerzas políticas. El eurasianismo está libre de cualquier forma de dogmatismo, de toda sumisión ciega, autoridad o ideologías del pasado. El eurasianismo es la plataforma ideal de los habitantes del mundo, para los cuales las disputas, las guerras, los conflictos y los mitos del pasado no tienen interés histórico alguno. El eurasianismo como principio es la nueva filosofía para las nuevas generaciones del nuevo milenio. El eurasianismo extrae su fuente de inspiración de las diversas doctrinas filosóficas, políticas y espirituales, que hasta hoy, parecían inconciliables e incompatibles.

Al mismo tiempo, el eurasianismo posee un conjunto preciso de ideas fundadoras, de las cuales no se puede desviar en modo alguno.

Uno de los principios esenciales del eurasianismo es la oposición activa frente a todos los sectores del proyecto mundial unipolar. La oposición (que es diferente de la simple negación o del simple conservacionismo) posee un carácter creativo. Conocemos el carácter inevitable de determinados procesos históricos: nuestro objetivo es ser conscientes, de tomar parte y conducirlos en la dirección que corresponde a nuestros ideales.

Se puede decir que *el eurasianismo es la filosofía de la mundialización multipolar, que apela a la unión de todas las sociedades y todos los pueblos de la tierra para construir un mundo original y auténtico, en el cual cada componente vendrá orgánicamente de las tradiciones históricas y las culturas locales.*

Históricamente, las primeras teorías eurasianistas aparecen entre los pensadores rusos de comienzos del siglo XX. Estas ideas, sin embargo, estaban de acuerdo con la búsqueda espiritual y la filosofía de todos los pueblos de la tierra, al menos de aquellos que comprendían la naturaleza limitada e inadecuada de dogmas banales cuya caída estaba vinculada a los estereotipos intelectuales, y de aquellos que comprendían la necesidad de huir de los contextos habituales para dirigirse hacia nuevos horizontes. Hoy podemos atribuir al eurasianismo un significado nuevo y global; podemos decir que la herencia eurasianista no es el fruto de una sola Escuela rusa, a menudo designada con este nombre, sino también el fruto del inmenso patrimonio cultural e intelectual de todos los pueblos de la Tierra, que no están vinculados a los angostos contextos que, hasta una fecha reciente (el siglo XX), eran considerados como la ortodoxia inmutable (liberalismo, marxismo y nacionalismo).

En el sentido más elevado y amplio, el eurasianismo adquiere un nuevo y extraordinario significado. A día de hoy, el eurasianismo no es solo la forma de la idea nacional de la nueva Rusia post-comunista (como era considerada por los padres fundadores del movimiento y por los neo-eurasianistas contemporáneos durante su primera fase), sino más bien un amplio programa de carácter planetario, que supera ampliamente las fronteras de Rusia y del mismo continente asiático.

Justo como el concepto de «americanismo» puede ser aplicado a regiones geográficas que se encuentran más allá de los confines del continente americano. El «eurasianismo» significa una elección civilizadora, cultural, filosófica y estratégica particular, que puede ser vivida por cualquier representante de la especie humana, sea cual sea el lugar en el cual viva, o la cultura nacional o espiritual a la que pertenezca.

Para dar un significado real al eurasianismo, hay mucho que hacer todavía. Y en la medida en la que nuevos estratos culturales, nacionales, filosóficos y religiosos encuentran nuestro proyecto, el mismo significado global del eurasianismo será implementado, enriquecido, transformado en sus características... Sin embargo, una evolución en similar sentido a aquella de la plataforma eurasianista no debe permanecer como una simple cuestión teórica: numerosos aspectos no podrán encontrar su expresión y realización más que en la práctica política concreta.

En la síntesis eurasianista, no existe pensamiento sin acción, ni acción sin pensamiento.

El campo de batalla espiritual para el sentido y el éxito de la historia es el mundo entero. La elección del bando depende de cada uno, personalmente. El tiempo decidirá el resto. Sin embargo, tarde o temprano, por medio de grandes realizaciones y al precio de combates dramáticos, la hora de Eurasia llegará.

4

El desafío de Rusia y la búsqueda de la identidad

Del coloquio en KM.ru, octubre del 2001

4.1. Qué somos y qué no somos

SI QUEREMOS QUE RUSIA asuma una correcta posición en el curso de los acontecimientos mundiales, debemos entender que somos y qué no somos, y en qué coordenadas nos encontramos para
actuar. Todas las cosas, éstas que no aparecen del todo claras. Nuestra sociedad está profundamente dividida en cuanto a la visión del mundo. Permanece turbada, perpleja, dividida e inquieta.

La sociedad Rusa se encuentra hoy en el medio de una oscura lucha entre referencias opuestas, con las cuales poderse identificar. Desde cualquier parte, este o aquel grupo de de influencia, este o aquel estrato de población, entre éstos no existe consenso alguno en términos de ideología, de política y de visión del mundo.

Yo soy un defensor de la visión eurasianista de la historia rusa. En consecuencia, todo mi sistema de valoración respecto a la Rusia moscovita, desde aquella de Pedro I a aquella del «yugo romano-germánico» (este es el nombre usado por Trubetskof y Savitsky para indicar el periodo que sigue a la época de Pedro I), se inscribe en el cuadro de valoraciones del eurasianismo clásico. Desde este punto de partida, me encuentro más favorablemente dispuesto, por así decirlo, frente al periodo soviético de la historia rusa más que frente al periodo de los Romanov. Estoy convencido de que — por paradójico que pueda resultar — en los tiempos del poder bolchevique, se ponía el acento sobre elementos nacionalistas y moscovitas, sobre las raíces y la tierra, más que el periodo de los Romanov.

La élite política contemporánea tiene mucho en común con los pensadores del periodo «romano-germánico». Ésta muestra, como ya hacía entonces, su odio por el pueblo ruso, considerado como subdesarrollado frente a los demás pueblos europeos. No hay consenso en la sociedad rusa sobre la manera en la que Rusia debe hoy desarrollarse.

Nuestra sociedad ha destrozado algunos «mitos de identificación» bien precisos, y entiende, con frecuencia, encontrar personas que recurren a métodos operativos llenos de contradicciones en su análisis.

4.2. Rusia como «región occidental subdesarrollada»

El primer modelo de auto-identificación de Rusia como una sección periférica atrasada respecto a la civilización occidental. De hecho, es esta la tesis que tiene por objeto a «Rusia como región occidental subdesarrollada». Una parte de nuestros «Occidentalistas» considera que tal subdesarrollo existe solamente en relación a los parámetros del desarrollo tecnológico, mientras que para el resto de Rusia es un pueblo con una personalidad propia, merecedora del derecho a existir de forma autónoma y autosuficiente.

Esta es, probablemente, la visión de Rusia a la cual se aferran los cultos patriotas rusos pertenecientes a la esfera política, entre los cuales figura también nuestro presidente Vladimir Putin. Otra parte de los Occidentalistas está convencida del irremediable y fatal retraso de Rusia, de su absoluto subdesarrollo, de su carácter periférico y de su marginalidad desde el punto de vista jurídico, cultural, intelectual e ideológico. Tal posición es sostenida, por ejemplo, por Tchoubaïs, Kokh, Gaïdar etcétera., es decir, por los «atlantistas» rusos. Por lo que se refiere a Rusia, como parte de la civilización occidental, el peligro reside en el hecho de no estar en condiciones, actualmente, de alcanzar a Occidente, de unirnos a Europa, de conseguir un adecuado desarrollo tecnológico y moral, de crear una sociedad civil, de dar vida a las instituciones peculiares del libre mercado (tal es la posición de los patriotas occidentalistas), y de permanecer, al mismo tiempo, siendo nosotros mismos, de profundizar en nuestra originalidad, en nuestro inimitable ordenamiento político, no habiendo buscado nunca el encuentro con Occidente (o, al menos, no haber estado nunca bajo el punto de vista «occidentalista-rusofóbico», el que constituye la verdadera tragedia). Entre estas dos categorías de «occidentalistas» en ocasiones existen semejanzas, y a veces diferencias. Y sin embargo, ambas definen a su *enemigo* partiendo de la misma tesis: «Rusia=región subdesarrollada de Occidente». Como oposición interna, estos *enemigos* son identificados como aquellos que impiden la occidentalización de Rusia, su «atlantización», cortar las barbas (episodio bien conocido bajo el reinado de Pedro el Grande, que obligó a los boyardos, nobles rusos, a cortarse la barba para asemejarse a los europeos), la apertura frente al progreso tecnológico, del libre intercambio y de la sociedad civil. Para los occidentalistas son peligrosos todos aquellos que tratan, de un modo u otro, de desviar de la vía occidental de desarrollo, impulsando a Rusia hacia una vía diferente, alternativa.

Los defensores de la tesis «Rusia es una región subdesarrollada de Occidente» son numerosos entre los gobernantes del país, en la «intelligentsia» urbana, en el mundo de los negocios y entre los *mass-media*. Son significativamente menores en número en la Duma, y todavía menos entre el pueblo. A medida que nos alejamos de Moscú el porcentaje disminuye en los estratos sociales, comprendidas las autoridades y los especuladores, sea cual sea su número absoluto. En términos absolutos, estos no representan más que una pequeña minoría entre los ciudadanos rusos, mientras que sus miembros, por el contrario, representan a una aplastante mayoría dentro del ejecutivo y los *mass-media*. Esta desproporción, muy peligrosa, es dolorosa y hace gravitar la amenaza de una serie de crisis y explosiones sociales y políticas.

4.3. Rusia como civilización original

La segunda facción es la que representan aquellos que tienden a una auto-identificación de Rusia en su específica civilización original; en consecuencia, ni «atrasada» ni «occidental», porque no existe equivalencia alguna entre Rusia y Occidente. Rusia es una nación que no debe compararse «en un común *arsi*[13]» (F. Tyutchev), porque ésta posee su propia y específica «complejidad». Aquellos que se adhieren (más o menos conscientemente) a la posición eurasianista en lo que respecta a la cuestión de la identificación, están convencidos de la existencia de valores a los que, quizás, no es posible interiorizar sino procediendo mediante la intuición — como hicieron los eslavófilos, desde Danilevsky y Leontiev — y que permite juzgar a Rusia en función de una escala interna, soberana.

A juicio de aquellos que defienden este modelo de identificación — entre los cuales también me encuentro yo — la principal amenaza reside en el «desplazamiento hacia Occidente» de todos los dominios: geopolítico, cultural, económico, tecnológico y de control de los *mass-media*.

Pero ni tan siquiera el área de los llamados «patriotas» es compacta y uniforme, porque incluye a los nacionalistas puros, que se preocupan únicamente de los intereses de la Gran Rusia, la de los eslavos, con una buena dosis de xenofobia.

Luego tenemos a los nostálgicos del modelo soviético.

Y existen los eurasianistas. Para cada uno de los tres grupos, respectivamente, hay una forma diferente de relacionarse con el *enemigo*. Todos los «patriotas» rechazan la vía de desarrollo occidental y se niegan a considerar a Rusia como un «país subdesarrollado de Occidente». Pero si lo observamos desde una perspectiva más amplia,

---

[13]Antigua medida de longitud, correspondiente a 0,71 metros.

el cuadro adquiere mayor complejidad y aparecen contradicciones internas.

Los «nacionalistas estrechos» consideran que, Occidente, en parte, representa la amenaza de quien quiere «extenderse» hacia Rusia, ampliando la identificación más allá de las fronteras de la etnia rusa. En consecuencia, son hostiles, a veces, a los eurasianistas, y en otras ocasiones también hacia los neocomunistas. En los casos extremos, los «nacionalistas estrechos» pueden llegar a descender a formas de colaboración con los «occidentalistas», unidos contra el comunismo.

A su vez, los defensores de la versión «neosoviética» de la idea nacionalista, consideran males fundamentales al capitalismo, el liberalismo y al sistema burgués. En consecuencia, añaden una connotación socioeconómica a la orientación anti-occidental. Su enemigo número uno es el capitalismo, mientras que para los nacionalistas y los eurasianistas, el aspecto económico es secundario.

Los eurasianistas, por el contrario, consideran toda la situación presente desde una perspectiva peculiar: el enemigo principal es la civilización occidental. Los eurasianistas hacen suyas todas las tesis anti-occidentales: geopolíticas, filosóficas, religiosas, históricas, culturales, socioeconómicas y están listos para aliarse con todos los patriotas y con todos aquellos que propugnan una «política de poder» (*derzhavniki*) — sin importar que éstos sean de derecha o de izquierda — que trate de salvar la «especificidad rusa» frente a la amenaza de la globalización y del Atlantismo.

4.4. Occidente es el reino del Anticristo

Los eurasianistas sostienen la identidad de Rusia en su más amplio significado de «civilización», donde el denominador común se mantiene por encima de las diferencias étnicas, raciales, culturales y confesionales. Todas estas características constituyen la única civilización eurasiana de Rusia-Eurasia. El movimiento «Eurasia», del cual yo soy el líder, representa la expresión política y la visión del mundo propia de esta posición cultural.

Para nosotros, los eurasianistas, Occidente es el reino del Anticristo, el «lugar maldito». Toda amenaza contra Rusia procede de Occidente y de los representantes de las tendencias occidentalistas en Rusia.

Nosotros somos contrarios a que Rusia acabe siendo subsumida en la cultura occidental; somos contrarios al desplazamiento hacia Occidente, pero, a diferencia de los simples comunistas y nacionalistas, comprendemos perfectamente que Rusia no puede, por sí sola, hacer frente al proceso de globalización. Rusia no puede continuar basándose exclusivamente en sí misma. En esta nueva fase, debemos formular y proponer a los demás pueblos un ideal alternativo: algo diferente, que no sea ni occidentalismo ni Atlantismo, ni tampoco la fórmula de un mesianismo liberal-democrático. En Rusia siempre ha existido una originalidad y pluralidad de sistemas e instituciones políticas y civiles. Sin embargo no ha existido nunca en Rusia, ni será nunca posible, una creación completamente occidental como es, por ejemplo, Francia. Nosotros siempre hemos preservado, también en los periodos más complicados de nuestra historia, la fecunda complejidad propia de una civilización tradicional, de una civilización de tipo imperial. En Rusia no ha existido nunca un modelo universal para todas las etnias que se encuentran en el interior de sus fronteras, ni tan siquiera bajo los comunistas. Las pátinas arcaicas y la policromía cultural se han conservado siempre.

Sin lugar a dudas, Rusia no ha sido perfecta ni ideal en su desarrollo histórico, en el cual se pueden encontrar numerosos períodos negativos. Pero, sin embargo, también en la época del «yugo romano-germánico», e incluso entre los intentos de establecer un modelo de civilización antitradicional en Rusia, las peculiares características de la cultura rusa han llegado a sobrevivir sin solución de continuidad. Curiosamente, la posición de las autoridades oficiales frente al elemento popular fue muy hostil y duro entre los siglos XVIII y XIX. Son muy pocos aquellos que hoy saben que en el siglo XVIII la cruz de ocho brazos, hoy presente en todas las iglesias, estaba prohibida al ser considerada un símbolo de aquello que se denominaba «fe de Brynsk[14]». Pero en el siglo XIX la cruz de ocho brazos volvió

---

[14]Brynsk es un término peyorativo asociado a los adheridos al VIejo Ritual

a ver la luz, silenciosamente y poco a poco, sin «revoluciones»; y junto a ellos otros numerosos aspectos del antiguo modo de vida ruso, rechazados a finales del siglo XVIII y comienzos del siglo XIX. El elemento popular más antiguo y más profundo resurge poco a poco detrás de las apariencias de una cultura extranjera, la que corresponde a la élite occidentalizada de los Romanov. De modo que debemos separar «la patria ideal», Rusia en cuanto «patria paralela», de su encarnación histórica concreta, en la cual diversos estratos se han superpuesto, manifestándose uno tras otro.

4.5. Atlantismo versus Eurasianismo

En el momento presente, nuestro objetivo es aquel de transformar la originalidad rusa en un modelo universal de cultura, en una alternativa al globalismo atlantista, y también en una visión del mundo completa en sí misma. Esto ha sido posible gracias a la existencia de un enemigo común — el Atlantismo, el Nuevo Orden Mundial, la globalización americano-céntrica, que ha mostrado claramente sus proyectos, sus intenciones, sus objetivos y sus métodos. Frente a la hegemonía absoluta de los Estados Unidos y de todas las naciones que se unen a éstos, todos los remanentes se convierten automáticamente en un bloque único. Se exponen, uno tras otro, a recibir ataques aéreos (recordemos a los yugoslavos, iraquíes, afganos, libios etcétera) y quizás nos espere un destino similar. La guerra en Europa comenzó hace tiempo, y no a través del principio «musulmanes contra cristianos». Detrás de todo esto está la geopolítica, la oposición entre Atlantismo y Eurasianismo.

Tenemos la experiencia de los Balcanes, donde tuvo lugar una masacre contemporánea, justo como en el Medievo. Más allá de cualquier otra consideración, esto significa que la humanidad, en lugar de cambiar, permanece, fundamentalmente, siendo la misma.

(*starodbriyadtsy*) a algunos «Nuevos Creyentes», un cisma ruso del siglo XVII. El libro al cual se refiere el autor es probablemente «Las pruebas de fe cismática de Brynsk». En el bosque de Brysnk, en el distrito de Bryansk, en dirección a Smolenko, había un monasterio en 1535.

Sus valores más importantes y fundamentales permanecen siempre en la etnia y la religión, el amor por la justicia y la sed de libertad, la fe en un ideal y el odio hacia el enemigo. Lo importante es establecer de manera correcta la línea del frente, las armas y los enemigos de cada civilización, de cada pueblo y de cada tradición.

Yo no creo que la oposición entre los Estados Unidos (Occidente) y el wahabismo sea realmente seria. Sabemos que el último encuentro entre Bin Laden y sus financiadores de la CIA tuvo lugar en agosto en Dubai, donde vive. Pero estos no son más que detalles. En los hechos, la denominación de «islam radical» (wahabismo, salafismo) es una fuerza construida y alimentada constantemente por los Estados Unidos, y dirigida directamente contra Rusia, contra una potencial alianza eurasiática, contra Rusia, Irán, China, la India y Europa.

Nuestro modelo propone establecer vínculos y contactos multiformes entre estos Estados, sobre la base de una globalización alternativa. Pero no entiendo el intento de construir una suerte de ideología unificadora, como ocurrió, por ejemplo, con aquella de impronta soviética. Lo que propongo, fundamentalmente, es una filosofía multipolar, donde la diferencia no resida en la naturaleza de la alienación, sino en la naturaleza de la consolidación. Esto quiere decir que nosotros entendemos conservar nuestra unicidad (que significa diversidad en cualquier caso), contra la unificación, que significa la muerte de la diversidad. Queremos que esta diversidad y multiplicidad de culturas, de etnias y de pueblos no para impedir, antes al contrario, para contribuir a la consolidación de los esfuerzos opuestos al enemigo común. Hoy, como durante la Segunda Guerra Mundial, como en otras contiendas violentas, también de forma difícil e inesperada, se forma una nueva coalición. Se trata de una consolidación progresiva de países, culturas, religiones, organizaciones sociales, movimientos políticos y, en definitiva, descontentos con la globalización.

4.6. El eurasianismo como antiglobalismo universal

Sin embargo, es necesario considerar que hoy un común modelo antiglobalista y universal existe. Si esto solo es un comienzo, entonces la filosofía eurasianista posee todos los argumentos indispensables para convertirse en la semilla de tal antiglobalismo universal. Es más, el «enemigo común» reúne algunos fundamentos de civilización, de base geopolítica y estratégica, en los cuales podemos ya profundizar en su estudio. Obviamente la geopolítica es el primero de esos fundamentos.

He tenido mucho que hacer con esta disciplina a lo largo de cinco años; he publicado el manual *Fundamentos de geopolítica*, demostrando que la oposición a la globalización unipolar por parte de todos los sujetos residuales de la política internacional, posee una base conceptual, histórica e internacional muy notable. En determinadas condiciones, los esfuerzos de los distintos países y pueblos respecto a la oposición y un único centro de fuerza mundial, convergen en una sola tendencia. Conocemos la manera en la cual los musulmanes que profesan el Islam tradicional y los cristianos de la Iglesia ortodoxa se unen en la lucha contra el wahabismo. He aquí un elemento muy importante: la semejanza de la estructura de la experiencia religiosa para las tradiciones que tienen principios dogmáticos diferentes.

Intereses comunes podrían manifestarse también en el ámbito práctico-material, en el campo de los recursos energéticos, recursos limitados en el mundo contemporáneo. También en el ámbito energético existen numerosos intereses comunes entre Rusia y la Unión Europea. En este caso las diferencias culturales no disminuyen el grado de asociación estratégica en los ámbitos económicos y energéticos. Política y filosóficamente, Europa difícilmente puede asimilar el eurasianismo, y los fundadores de esta corriente han recibido una acogida más bien fría por parte de la cultura romano-germánica. Sin embargo, ciertas convergencias de base podrían aparecer en aquellas políticas que rechazan el liberalismo radical (que caracteriza a día de hoy a los demócratas sociales y a los republicanos europeos de derecha, aquellos de impronta gaullista/adenaurista) y también el «eurasianismo económico o energético», en el ámbito de las preocupaciones puramente materiales.

Después del 11 de septiembre, y con el inicio de las operaciones militares de los Aliados en Afganistán, estamos amenazados con la posibilidad de ser implicados en un conflicto en nuestro propio territorio. Los ataques contra los Estados Unidos han tenido severas repercusiones sobre Eurasia.

Todavía tenemos la posibilidad de establecer alianzas geopolíticas con diversas potencias en diferentes condiciones. Nos acercamos a Irán por la vía de nuestras preocupaciones regionales en Asia Central, o a través de una estrategia política y económica común. Con la India ocurre lo mismo, en su caso por Asia del Este.

Con Japón por la economía y cuestiones relacionadas con el Extremo Oriente, y por las fricciones comunes con China. En Europa, Rusia se siente cercana a la socialdemocracia o al gaullismo francés, y más generalmente a los partidarios de la integración europea, transformando la Unión Europea en una fuerza no solamente económica, sino también política. Desde una perspectiva a corto plazo, la propia China puede ser considerada como una aliada táctica para Rusia; pero a largo término China parece incapaz de asumir una función eurasianista sería, sin hablar de una función mundial. Sabed que en el interior de China, lejos de la costa desarrollada, vive una masa enorme de pobres desgraciados, que para sobrevivir rascan con palos en el fondo de las ciénagas en busca de pájaros muertos. ¿Qué puede ganar Rusia de China al margen de una masa hambrienta? Y es más, su cultura posee una potencia milenaria de asimilación racial con los extranjeros. Nosotros tenemos un grado de fiabilidad geopolítica más elevado con China. En consecuencia supongo que una relación excesivamente estrecha con China podría ser peligrosa para nosotros.

Pero, sin lugar a dudas, el peligro principal contra el cual es posible aliarse, también con China, es el Occidente dirigido por los Estados Unidos. Si observamos aquello que sucede en el mundo, en los Estados Unidos, detrás de la amable fachada democrática, vemos claramente un mecanismo en el acto que se dirige hacia un objetivo, con una fuerza infernal, independientemente de todo. Aquello contrasta fuertemente con las calles de Nueva York, donde una masa diversa pasea aparentemente por azar.

Aquí los auténticos Estados Unidos, el Imperio Atlantista del Mal, la Cartago del Mundo, nuestro verdadero adversario, no aquella América protestante y fundamentalista, o todavía, aquella América grosera de la MTV, que no conocemos en el exterior.

4.7. El «destino evidente» y la élite americana

Existe un modelo que, ciertamente, penetra en toda la sociedad americana. Un paradigma estable, según el cual cada decisión es tomada en el interior de las estructuras de poder. Es el «pacto atlántico», aquello que llamamos «destino evidente». Hay un código seguro de la «potencia marítima», el origen secreto del Leviatán, el monstruo marítimo que conduce a través de los siglos y de las civilizaciones la interminable guerra de los continentes contra el monstruo terrestre, contra Behemoth. Hay una extraña, y al mismo tiempo misteriosa, consistencia y continuidad que determina la política exterior de los Estados Unidos, que no ha comprendido nunca la heterogeneidad, la diferenciación interna de la sociedad americana, se observan las fricciones entre partidos y políticos. Solo cambia la fachada, el «código marítimo» permanece invariable. El desarrollo, según el modelo que produce el sello del Leviatán, está listo para cualquier ocasión. En los momentos críticos se han resuelto tales desarrollos, y esto es un hecho claro. Este pacto del Leviatán cuenta con sus propios secuaces: los geopolíticos americanos, los cuales comprenden muy claramente la lógica de este código y lo transmiten a través de un sistema de fundaciones y organizaciones particulares como el CFR (*Council on Foreign Relations*), en el cual uno de los papeles más relevantes viene desarrollado por Zbigniew Brzeszinski.

También Rusia-Eurasia posee un código similar, el «código de Behemoth», el paradigma de la «civilización continental». Nosotros también tenemos un «destino manifiesto», pero éste es considerablemente diferente a aquel destino de Occidente. Las constantes culturales proceden explícitamente de la comprensión de la historia rusa, a través de todas sus fases. Pero la impresión que permanece de todo esto es una evolución espontánea e inconsciente, mientras que a un nivel subjetivo la élite evita, a menudo, este cuadro, sintiéndose como poseída en un diseño extremo, abandonado (en la medida que se dejan llevar) respecto a la visión eurasianista principal.

A menudo la sociedad rusa parece sólida, vista desde el exterior, mientras que la élite actúa de forma caótica y fragmentaria. En los Estados Unidos, contrariamente, la sociedad parece exteriormente fragmentaria, pero la élite actúa de forma sólida y rigurosa. En general, el arquetipo de la verdadera élite americana; Los WASP, o los nuevos protagonistas de la élite afro-americana (como Condolezza Rice), presentan numerosos trazos de totalitarismo duro. En ciertos sectores precisos, la sociedad liberal se acerca peligrosamente al fascismo. Por el contrario, con la experiencia del autoritarismo, la sociedad eurasiática conserva un elevado grado de libertad.

4.8. Atlantistas y globalistas

Pongo ante mí el espectro del fundamentalismo americano de impronta protestante. Por una parte son nuestros aliados, porque consideran el excesivo expansionismo y las fronteras planetarias del mundo bajo el control americano, como un daño para la potencia americana. Si su proyecto aislacionista hubiese sido realizado hubiésemos tenido a la América de Woodrow Wilson, un americano que se había inspirado en la doctrina Monroe. Esto hubiese sido positivo para nosotros, que ante tal contexto también podríamos haber considerado aliados a los Estados Unidos. Pero, ay de mí, la influencia de estas fuerzas no supera aquella del ala de la extrema derecha del Partido Republicano y de sus milicias desordenadas. Más allá, la base religioso-cultural de este sector es diferente a todas las formas de eurasianismo, y en este preciso caso es imposible hablar de afinidad metafísica o de semejanzas de «código cultural». Los mismos fundamentalistas — «distribuidores», consideran a Eurasia como el reino del Anticristo, como la tierra de Gog y Magog. Ronald Reagan ha tomado prestado de ellos el expresivo eslogan de la Unión Soviética, «el imperio del mal», en otras palabras, solamente podemos hablar de convergencias pragmáticas de posiciones geopolíticas.

Los Republicanos «normales», también opuestos al ala extremista, no ponen en discusión, en lo más mínimo, la necesidad de la supremacía de América en el mundo. En esto no se diferencian en nada de los demócratas. Ambos tienen como objetivos generales un ideal planetario uniforme: un modelo democrático de mercado libre bajo la égida de los Estados Unidos, en representación del modelo sociopolítico y económico americano triunfante en todo el mundo, una mezcla general de pueblos, de culturas, de religiones y de razas. El debate entre globalistas puros (los demócratas), y atlantistas puros (los republicanos) sólo concierne a la extensión, las formas y las fórmulas de control mundial por parte de los Estados Unidos. Los globalistas sostienen que el derecho de palabra debe ser garantizado también en los países aliados con América. Los atlantistas sostienen que sólo los Americanos deben entrar en el «gobierno mundial», y que el liderazgo debería fundarse sólidamente en el uso directo de la fuerza contra los rebeldes, por parte de los Estados Unidos y de los aliados de la OTAN. Sin embargo, esto no lo discuten ni los demócratas.

4.9.   El germen de la guerra civil

He partido del hecho de que en nuestra sociedad existe una tendencia muy poderosa a concebir a Rusia como un «país occidental subdesarrollado». Pero hay quien no piensa así de Rusia. Y, lo que es más importante, en la sociedad rusa no existe un consenso que concierna a la autoidentificación de Rusia. De esto resulta, lógicamente, una incerteza respecto a la naturaleza de la amenaza principal, a la dirección desde la que ésta procederá, y cómo actuar en consecuencia. Podremos decir que el desafío principal a la integridad y a la identidad de nuestro país está presente hoy en la sociedad como un germen, el germen de la guerra civil.

La idea eurasianista consiste en oponer al globalismo planetario unipolar dominado por los Estados Unidos, un modelo alternativo de globalización multipolar, de globalización regional. La presencia de un enemigo común une a los participantes más diversos en este proyecto alternativo, otorgándoles determinados fundamentos geopolíticos, estratégicos y bases culturales precisas con las cuales puedan trabajar.

El eurasianismo propone su proyecto integracionista en el interior de la nación. Quizás sea esta la única vía para integrar verdaderamente a las diferentes fuerzas sociales de Rusia en torno a la forma más general y razonable de la Idea Nacional. El eurasianismo es el garante de la seguridad de nuestra sociedad dotándola, al mismo tiempo, de un sentido estratégico, cultural y político.

5

Los principios fundamentales de la política eurasianista

5.1. Tres modelos (soviético, pro-occidental y eurasianista)

EN LA RUSIA MODERNA existen tres modelos de base respecto a la concepción estratégica del Estado, en conflicto recíproco, ya sea en el ámbito de la política exterior, como en aquel de la política interna. Estos tres modelos forman el sistema moderno de las políticas coordinadas en el interior, a partir del cual cada decisión política del gobierno ruso, cada avance internacional y cada problema social, político o jurídico relevante termina por ser solucionado.

El primer modelo representa el cliché inercial del periodo soviético (principalmente del fin del periodo soviético). Poco a poco, este modelo ha echado raíces en la psicología de algunos sistemas directivos rusos, a menudo inconscientemente, impulsándolos a adoptar un tipo de decisiones en lugar de otras, y en base a experiencias precedentes. Este modelo se ha sostenido con la argumentación «pertinente»: «aquello que ya ha funcionado, funcionará todavía». No es algo que ocurra solamente con los dirigentes políticos que gestionan conscientemente el complejo nostálgico de los ciudadanos rusos. El modelo de referencia soviético está muy extendido y es muy profundo en las estructuras del KPFR (Partido Comunista de la Federación Rusa), que se encuentra, esencialmente, en los márgenes del poder ejecutivo, lejano respecto a los centros de decisión. En todas partes, los políticos y las autoridades no se identifican con el comunismo, pero son guiados por éste.

Es un efecto de la educación, de la experiencia de vida y de la formación. Para comprender la sustancia del proceso en el curso de la política rusa, es necesario admitir este «sovietismo inconsciente».

El segundo modelo es aquel propuesto por el liberal-democratismo, el modelo pro-americano, que empezó a tomar forma con los inicios de la *Perestroika*, y que se convirtió en una suerte de ideología dominante durante la primera mitad de la década de los años 90. Como regla general, los liberal-reformistas y las fuerzas políticas próximas a éstos, se identifican con este modelo. Este modelo está basado en la elección de un sistema de interpretación del dispositivo socio-político americano, de su duplicación sobre el territorio ruso y sobre la necesidad de plegarse ante los intereses nacionales de los Estados Unidos en lo que se refiere a las cuestiones internacionales. Un modelo tal tiene la ventaja de poderse apoyar sobre un «real presente extranjero» y de oponerse a un «pasado interno virtual» en torno al cual gravita el primer modelo. También en este caso la argumentación es más bien simple: «aquello que ha funcionado para ellos, funcionará también para nosotros». Aquí es importante subrayar que no hablamos simplemente de «imitar la experiencia exterior», sino de considerar a los Estados Unidos como el adalid del triunfante mundo capitalista occidental.

Estos dos modelos (con todas sus múltiples variantes) han sido ampliamente difundidos en la política rusa. Desde finales de los años 80, todos los conflictos entre las distintas filosofías, todas las discusiones y las luchas políticas fundamentales, pasan por los representantes de estas dos visiones.

El tercer modelo es mucho menos conocido. Puede ser definido como «eurasianista». Debemos contar con operaciones mucho más complejas que nada tienen que ver con las simples reproducciones de las experiencias soviética o americana. Este modelo se refiere al pasado interno y al presente externo de forma simultánea, en términos de diferenciación; en parte se inspira en nuestra historia política, y en otra parte en la realidad de la sociedad moderna. El modelo eurasianista reconoce que Rusia (como Estado, como pueblo y como cultura) tiene un valor de civilización autónoma, de unicidad, de independencia y potencia alcanzada, que debe preservar; para tal objetivo tiene a su servicio toda la doctrina, todo el sistema, mecanismo o técnica política que pueda ayudar a que la meta sea alcanzada. Desde este punto de vista, el eurasianismo es un «pragmatismo patriótico» original, liberado de todo dogmatismo, ya sea soviético o liberal. Al mismo tiempo, la amplitud y la flexibilidad del enfoque eurasianista no impiden a esta doctrina ser al mismo tiempo sistemática, porque posee todas las características de una filosofía orgánica, coherente y con una consistencia interna.

Desde el momento en el que los dos modelos ortodoxos han mostrado su ineptitud, el eurasianismo se convierte siempre en el más popular. El modelo soviético actúa en función de realidades políticas, económicas y sociales obsoletas, explota la nostalgia y la inercia, y carece de un análisis serio de la nueva situación internacional y del real desarrollo de las tendencias de la economía mundial.

El modelo liberal pro-americano, a su vez, no puede ser, por definición, aplicado en Rusia, porque es parte orgánica de otra civilización, diferente a aquella rusa. Esto se comprende bien también en Occidente, donde nadie oculta que no prefiere a una Rusia próspera y sana, sino a una Rusia débil, perdida en el abismo del caos y de la corrupción.

En consecuencia, hoy, el modelo eurasianista es el más actual, el más apto para la sociedad.

De modo que debemos analizarlo en mayor profundidad.

5.2. El eurasianismo y la política exterior rusa

Formulemos los principios políticos de base del eurasianismo ruso moderno.

Comenzaremos por la política exterior.

Como en todos los ámbitos de la política, también en la política exterior, el eurasianismo propone seguir una tercera vía, ni el sovietismo ni el americanismo. Esto quiere decir que la política exterior rusa no debe reconstruir el perfil diplomático del periodo soviético (rígida oposición a Occidente, restauración de una relación estratégica con los «Estados repudiados»: Corea del Norte, Irak, Cuba etcétera) y que al mismo tiempo no debe seguir ciegamente los dictámenes de los Estados Unidos. El eurasianismo propone su propia doctrina de política exterior, cuya esencia puede ser asumida de lo que sigue a continuación:

La Rusia contemporánea no podrá ser salvada, como realidad política autónoma e independiente, como elemento de valor en la política internacional, más que en el contexto de un mundo multipolar. Consentir la existencia de un mundo unipolar americano-céntrico es imposible para Rusia: en un mundo tal Rusia no podría ser más que un objeto más de la globalización, perdiendo en tal mundo, de forma inevitable, su independencia y originalidad. La oposición a la mundialización unipolar y la afirmación de un mundo multipolar es el mayor imperativo de la política exterior de la Rusia contemporánea. Esta condición no debe ponerse en duda por ninguna fuerza política: ni consigue que, en el interior de Rusia, los propagandistas de la mundialización americano-céntrica deban ser (al menos moralmente) deslegitimados. La construcción de un mundo multipolar (vital para Rusia) es realizable sólo a través de un sistema de alianzas estratégicas. Rusia, por sí sola, no puede afrontar este problema, sin disponer de los suficientes recursos para una autarquía completa. En consecuencia, su éxito depende de los numerosos aspectos de la competencia y de la actividad de su política exterior.

En el mundo moderno, existen algunos elementos políticos que, por razones históricas y culturales, son interesantes y vitales para la multipolaridad. En la situación en la que están tomando forma, estos elementos son los compañeros naturales de Rusia.

Primera categoría: poderosas formaciones regionales (países o grupos de países), cuyas relaciones con Rusia podrían ser cómodamente expresados con el término «complementariedad». Esto significa que estos países poseen algo vital para Rusia, mientras que Rusia posee algo extremadamente indispensable para ellos. En consecuencia, tales intercambios estratégicos potenciales refuerzan a ambos elementos geopolíticos. A esta categoría, (complementariedad simétrica), pertenecen la Unión Europea, Japón, Irán y la India. Todas estas realidades geopolíticas podrían aspirar a la función de elementos autónomos en el contexto de la multipolaridad, cuando el americano-centrismo, por el contrario, les priva de esta posibilidad, reduciéndolos a simples objetos. Porque la nueva Rusia no puede ser presentada más como un enemigo ideológico (algo que los Estados Unidos han convertido en el mejor argumento para atraer a Europa y a Japón hacia su propia órbita, y ha conducido a la Unión Soviética a ser clasificada, durante el periodo de la «Guerra Fría» en los mismos términos que el actual Irán islámico), el imperativo de la subordinación completa de estos países a la geopolítica americana no está justificado (excepción hecha de la inercia política). Las contradicciones entre Estados Unidos y potencias recíprocamente complementarias con Rusia terminarán por agravarse.

Si Rusia se muestra activa y justifica la tendencia multipolar con su potencial, encontrando para cada una de las formaciones geopolíticas los argumentos válidos y las condiciones diferenciales para una alianza estratégica, el club de los partidarios de la multipolaridad puede convertirse en suficientemente poderoso e influyente, y cumplir eficazmente la realización del propio proyecto de futuro sistema mundial.

A cada una de estas potencias Rusia tiene algo que ofrecer, ya sean recursos, potencial estratégico y armamentos o peso político. A cambio Rusia recibirá, por una una parte, ayuda económica y tecnológica de la Unión Europea y de Japón y, por otro lado, una alianza político-estratégica en el sur, con Irán y la India.

El eurasianismo conceptualiza tal línea de política exterior y la justifica con la metodología científica de la geopolítica.

Segunda categoría: formaciones geopolíticas interesantes para la multipolaridad, pero no simétricamente complementarias con Rusia: China, Pakistán y los países árabes. Las políticas tradicionales de estos elementos geopolíticos tienen un carácter intermedio, pero una alianza con Rusia no es su mayor prioridad. Más allá de esto, la alianza eurasianista de Rusia con los países de la primera categoría, refuerza las rivalidades tradicionales de los países de la segunda categoría a nivel regional. Por ejemplo, Pakistán, Arabia Saudí y Egipto mantienen importantes diferencias con Irán, así como China respecto a Japón y la India. A una mayor escala, las relaciones de Rusia con China representan un caso particular, complicado por los problemas demográficos, por el renovado interés de China por los territorios escasamente poblados de Siberia, así como por la ausencia, en China, de un potencial tecnológico y financiero conspicuo, en condiciones de resolver positivamente el problema, prioritario para Rusia, de la asimilación tecnológica de Siberia.

Todos los países de la segunda categoría se encuentran en el dilema de decantarse entre la unipolaridad americano-centrista (que no promete para ellos nada bueno) y el eurasianismo.

Con los países de esta categoría, Rusia debe actuar con la mayor prudencia: no incluirlos en el proyecto eurasianista sin antes tratar de neutralizar, en la medida de lo posible, el potencial negativo de sus reacciones y bloquear activamente en éstos países la acción del proceso de mundialización unipolar (para lo cual hay suficientes razones).

La tercera categoría la representan los países del Tercer Mundo, que no poseen un potencial geopolítico suficiente para aspirar al estatus de elementos definidos. Respecto a estos países Rusia debe seguir políticas diferenciadas, contribuyendo a su integración geopolítica en las zonas de «prosperidad común», bajo el control de potentes aliados de Rusia en el interior del bloque eurasianista. Esto significa que en la zona del Pacífico la función de Rusia es favorecer el reforzamiento de la presencia japonesa. En Asia es necesario incentivar las ambiciones geopolíticas de la India e Irán. Es igualmente necesario contribuir a incrementar la influencia de la Unión Europea en el mundo árabe y en toda África. Los propios Estados que están incluidos en la órbita tradicional de la influencia rusa deberán, naturalmente, permanecer o ser integrados. La política de integración de la CSI (Comunidad de los Estados Independientes) en la Unión Eurasiana, es muy clara en ese sentido.

Cuarta categoría: Estados Unidos y los países del continente americano que se encuentran bajo el control de los Estados Unidos. La política eurasianista internacional de Rusia debe estar orientada a demostrar con todos los medios a los Estados Unidos la inconsistencia de un mundo unipolar, el carácter conflictivo e irresponsable de todo el proceso de mundialización americano-céntrico. Oponiéndose firme y activamente a tal mundialización (utilizando para este objetivo, *in primis*, el instrumento de la alianza eurasianista), Rusia debe, al contrario, mantener la tendencia aislacionista respecto a Estados Unidos, acogiendo favorablemente la limitación de sus intereses geo-políticos al continente americano. Los Estados Unidos, que son la mayor potencia internacional, y cuya zona de intereses estratégicos se sitúa entre el Atlántico y el Pacífico, pueden también llegar a ser un aliado estratégico para la Rusia eurasianista. Es más, una América organizada en tal sentido sería extremadamente beneficiosa para Rusia, porque limitaría con Europa, la región pacífica y también el mundo islámico y China, en el caso de que sus aspiraciones debieran continuar una vía de mundialización unipolar, sobre la base de su actual sistema geopolítico. Y si la mundialización unipolar debiera disminuir su vigor, a Rusia le interesaría reforzar la tendencia anti-americana en América del Sur y del Centro, gracias a la utilización de una filosofía y de una fórmula política mucho más flexible y de visiones más amplias del marxismo. La política prioritaria con los ambientes políticos antiamericanos de Canadá y México van en la misma dirección. También es posible utilizar, para la consecución de tal objetivo, las actividades del *lobby* de las diásporas eurasianas en los Estados Unidos.

5.3. El eurasianismo y la política interior

En la política interna el eurasianismo quiere decir seguir determinadas directrices principales.

La integración de los países de la CSI en una Unión Eurasiana única es el mayor imperativo estratégico del eurasianismo. El volumen estratégico mínimo indispensable para iniciar una actividad internacional seria para la creación de un mundo multipolar, no es la Federación Rusa, sino la CSI entendida como una sola formación estratégica, unida por una sola voluntad y por un único objetivo de civilización común.

El sistema político de la Unión eurasiana está fundado, lógicamente, sobre la «democracia participativa» (la «*demotia*» del eurasianismo clásico), con el acento no sobre el aspecto cuantitativo de la participación, sino sobre el aspecto cualitativo. La autoridad representativa debe reflejar la estructura cualitativa de la sociedad eurasiana, en el lugar de las indicaciones estáticas cuantitativas medias, basadas en la eficacia de los espectáculos pre-electorales. Se debe prestar una atención particular a la representación de las etnias y de las confesiones religiosas. La «democracia participativa» debe estar orgánicamente integrada con una fracción determinada de la responsabilidad individual expresada como posibilidades en los diferentes ámbitos estratégicos. La Dirección Suprema de la Unión eurasiana debe concentrar la voluntad común para la realización de la potencia y de la prosperidad del Estado.

El principio del imperativo social debe ser combinado con el principio de la libertad personal en una proporción que difiera tanto de recetas liberal-democráticas, como del colectivismo impersonal marxista. El eurasianismo presupone aquí la conservación de un equilibrio determinado, con una función significativa del factor público.

En general, el desarrollo activo del principio social es una característica constante de la historia eurasiana. Esto es evidente en nuestra psicología, en nuestra ética y en nuestra religión. Pero en oposición al modelo marxista, el principio social debe ser afirmado como algo cualitativo, diferenciado, vinculado a datos concretos nacionales, fisiológicos, culturales y religiosos. El principio social no debe sofocar, sino reforzar el principio privado, dándole un fundamento cualitativo. La comprensión cualitativa del factor social permite definir la regla áurea entre el hiperindividualismo del Occidente burgués y el hipercolectivismo del Este socialista.

En el sistema administrativo, el eurasianismo insiste en el modelo del «federalismo eurasianista». Esto presupone elegir como categoría de base, para construir la Federación, no los territorios, sino las etnias. Habiendo separado el principio de la autonomía etno-cultural del principio territorial, el federalismo eurasianista eliminará para siempre las razones mismas del separatismo. Como compensación, las poblaciones de la Unión Eurasiana recibirán la posibilidad de desarrollo máximo de la independencia étnica, religiosa y, en determinados casos, jurídica. En el federalismo eurasianista, la indudable unidad estratégica se acompaña de la pluralidad étnica, y el acento se pone sobre el elemento jurídico del «derecho de los pueblos».

El control estratégico del espacio de la Unión eurasiana estará asegurado por la unidad de dirección y por los distritos estratégicos federales, en la composición de los cuales podrán entrar las diferentes formaciones , desde aquellas etno-culturales a aquellas territoriales. La diferenciación inmediata de los territorios en más niveles ayudará a la flexibilidad, la adaptabilidad y la pluralidad del sistema de la dirección administrativa, en unión con un estricto centralismo en el ámbito estratégico.

La sociedad eurasiana debe estar fundada sobre el principio de una moral regenerada, que, al mismo tiempo, posea características comunes y formas concretas vinculadas a la especificidad del contexto etno-confesional. Los principios de simplicidad, pureza, rectitud, respeto a las reglas, responsabilidad, vida sana, justicia y sinceridad, son comunes a todas las tradiciones religiosas clásicas de Eurasia. Estos indelebles valores morales deben recibir el estatuto de norma de Estado. Los escandalosos vicios sociales, la violación imprudente y pública de los fundamentos de la moral deben ser extirpados sin contemplaciones.

Las fuerzas armadas de Eurasia y el poder de los ministerios y de los servicios deben ser considerados como el armazón estratégico de la civilización. La función social de los militares debe aumentar, es necesario restaurar su prestigio y respeto público. Sobre el plano demográfico, es indispensable realizar el «auge de la población eurasiana», infundir valor moral, material y psicológico para que sea engendrada una prole numerosa. El «auge» debe llegar a convertirse en el modelo social eurasiano.

En el ámbito de la educación es necesario reforzar la educación moral y científica de la juventud, en el espíritu de la fidelidad hacia las raíces históricas, en la lealtad hacia la ideología eurasianista, en la responsabilidad, la virilidad y la actividad creativa.

La actividad del sector de la información de la sociedad eurasianista debe estar basada en la estrecha observación de las prioridades de la civilización, siendo portadora de luz en lo que respecta a los acontecimientos interiores y exteriores. Los principios de la formación y de la educación intelectual y moral deben estar por encima de los principios de los pasatiempos o del interés económico. El principio de la libertad de expresión debe ser combinado con el imperativo de la responsabilidad para las palabras libremente expresadas.

El eurasianismo presupone la creación de una sociedad movilizada, cuyos principios de creación y optimización social deben ser las reglas de la vida humana. La filosofía debe desvelar las posibilidades potenciales del hombre, permitiendo a cada cual triunfar (fuera y dentro de sí) sobre la propia inercia y sus propias limitaciones, para expresar la propia personalidad única al servicio de la sociedad. En la base del enfoque eurasianista se encuentra la cuestión social, el principio de un equilibrio entre lo público y lo privado. El equilibrio es definido a través de la siguiente lógica: todos los ámbitos vinculados a la esfera estratégica (el complejo militar e industrial, educación, seguridad, paz, salud moral y física de la nación, demografía, crecimiento económico etcétera) son controlados por el Estado. La pequeña y mediana producción, el ámbito de los servicios, la intimidad personal, la industria del entretenimiento, el tiempo libre etcétera, no están bajo el control del Estado, sino de la iniciativa personal y privada (excepto los casos en los cuales éstos últimos entren en conflicto con los imperativos estratégicos del eurasianismo en el contexto global).

5.4.   El eurasianismo en la economía

Siendo opuesto al liberalismo y al marxismo, el eurasianismo considera el ámbito económico como no autónomo ni determinante para el proceso socio-político y estatal. Según las convicciones de los eurasianistas, las actividades económicas son solamente funciones de diferentes realidades culturales, sociales, políticas, fisiológicas e históricas. Podemos expresar la relación eurasianista con la economía reelaborando nuevamente la verdad del Evangelio: «No el hombre para la economía, sino la economía para el hombre». Tal relación con la economía puede ser calificada de «cualitativa»: el acento no se pone sobre los indicadores formales del crecimiento económico; por el contrario, se utiliza un espectro de indicadores significativa-mente más amplio, en el cual la fuerza económica es considerada no de forma aislada, sino en el interior de un complejo en el que se incluyen también a otras fuerzas que presentan, fundamentalmente, un carácter social. Algunos economistas (particularmente Joseph Schumpeter) ya han intentado introducir parámetros cualitativos en la economía, separando el crecimiento económico del desarrollo económico. El eurasianismo plantea el problema desde una perspec-tiva todavía más amplia: aquello que cuenta no es solo el desarrollo económico, sino el desarrollo económico combinado con el desarrollo social.

El enfoque eurasianista en economía puede ser expresado — según un esquema simplificado — de la siguiente manera: regulación por parte de los Estados de las secciones estratégicas (complejo militar-industrial, monopolios naturales y similares), y libertad económica máxima a través del pequeño comercio.

El elemento principal del enfoque eurasianista en la económica es la idea de la resolución de un número significativo de problemas nacionales y económicos rusos en el interior del cuadro del proyecto de política exterior eurasianista. Algunas realidades geopolíticas, que interesan de manera particular y vital a la multipolaridad mundial, en primer lugar a la Unión Europea y Japón, que tienen un enorme poder financiero y tecnológico, cuya asunción puede transformar radicalmente el clima económico ruso. En el estado actual, es desafortunadamente necesario reconocer la falta de recursos suficientes en Rusia para una autarquía (también relativa). A consecuencia de las inversiones y otras formas de interacción con las regiones económicas avanzadas, que son para nosotros de vital importancia. Tal interacción debe ser inicialmente determinada según la lógica de un volumen más grande, más allá de sus relaciones económicas restringidas: inversiones, créditos, importación-exportación, suministros de energía, etcétera. Todo esto viene integrado, en el más amplio contexto de los programas estratégicos comunes, como la cooperación de algunas áreas o la creación de sistemas eurasianos de transporte e información.

En un cierto sentido, Rusia debe transferir el peso del renacimiento de su potencial económico a los aliados del «club de los partidarios de la multipolaridad», utilizando activamente para este objetivo la posibilidad de ofrecer proyectos de transporte en común (la línea «trans-eurasiana») extremadamente oportuna, o recursos energéticos, vitales para Europa y Japón.

Un problema importante viene representado también por el retorno del capital en Rusia. El eurasianismo propone una serie de motivaciones para este retorno. Rusia, trastornada por el periodo de las reformas liberales (iniciado en los años 90) completamente orientadas hacia Occidente, mirándose a sí misma con desprecio, e inmersa en la psicosis de la privatización y en la corrupción, y la Rusia eurasianista, patriótica, orientada hacia la construcción del Estado, en el comienzo del siglo XXI, son realidades políticas diametralmente opuestas. Los capitales han huido de la Rusia débil hasta el punto de hundirla. En una Rusia que apuesta por la vía de la fuerza y de la curación, los capitales deberán volver.

En los países occidentales, la mayor parte del capital salido de Rusia no podrá ser salvado ni recuperado. En los comienzos de los años 90, Occidente miraba con satisfacción la fuga de capitales rusos (principalmente aquellos de origen criminal), considerando, según la lógica de la «Guerra Fría», que el debilitamiento de la Rusia post-comunista habría jugado a favor de la OTAN. Ahora la situación ha cambiado radicalmente y, en las condiciones actuales, problemas más serios están por acontecer (como, de hecho, ha sido posible comprobar), a quien posee capital ilegal en Occidente.

La lógica eurasianista significa la creación de condiciones más favorables para el retorno de estos capitales a Rusia, algo que, por sí mismo, dará un notable impulso al desarrollo de la economía. Contrariamente a aquello que proponen algunos dogmas abstractos de pura impronta liberal, el capital volvería más deprisa en un Estado que tenga una autoridad fuerte, responsabilidad y puntos de orientación estratégica precisos, más que en un país incontrolable, caótico e inestable.

5.5. La vía eurasianista

El eurasianismo es el modelo que responde de la manera más precisa a los intereses estratégicos de la Rusia moderna. Aporta la respuesta a las cuestiones más espinosas, ofrece una vía de salida a las situaciones más complicadas. El eurasianismo combina la apertura y la actitud de diálogo con la fidelidad a las raíces históricas y la consecuente afirmación de los intereses nacionales. El eurasianismo ofrece un equilibrio razonable entre la idea nacional rusa y los derechos de numerosos pueblos que viven en Rusia y Eurasia.

Algunos aspectos precisos del eurasianismo son ya utilizados por las nuevas autoridades rusas, orientados hacia una solución creativa de los complejos problemas históricos que Rusia debe afrontar en el nuevo siglo. Cada vez que esto sucede, la eficacia, la lógica y los resultados estratégicos importantes hablan por sí solos. El proceso de integración en la CSI, la creación de la Comunidad Económica Eurasiana, los primeros pasos de la nueva política exterior de la Federación Rusa respecto a Europa y Japón, Irán y los países del Próximo Oriente, la creación de un sistema de distritos federales, el reforzamiento de la línea vertical de poder, el debilitamiento de

los clanes oligárquicos, la política del patriotismo y del sentido de
Estado y el crecimiento del sentido de responsabilidad en el mundo de los *mass-media* son todos puntos importantes, esenciales del
eurasianismo. En el tiempo presente estos elementos son permanen-
temente mezclados por la inercia de tendencias propias de otros
modelos (liberal-democrático y soviético). Sin embargo, aparece perfectamente claro que el eurasianismo asciende con firmeza hacia su
cénit, mientras que los otros dos modelos conducen solamente una
guerra de retaguardia.

Incrementar el papel del eurasianismo en la política rusa es
un proceso evolutivo gradual. Pero ya ha llegado el momento de
completar un estudio más puntual y responsable de esta teoría y
filosofía realmente universal, cuya transformación en práctica política
y filosófica se cumple bajo nuestros ojos.

6

El nacional-bolchevismo

6.1. La definición aplazada

EL TÉRMINO «NACIONAL-BOLCHEVISMO» puede indicar cosas muy diferentes entre sí. Históricamente, apareció prácticamente al mismo tiempo en Rusia y Alemania, como consecuencia de la intuición, por parte de algunos teóricos políticos, del carácter nacional de la Revolución bolchevique de 1917, ocultado en la fraseología del marxismo internacionalista ortodoxo. En el contexto ruso, «nacional-bolcheviques» fue la denominación habitual de aquellos comunistas orientados hacia la conservación del Estado y — más o menos conscientemente — continuadores de la línea geopolítica de la misión histórica de la Gran Rusia. Pero los nacional-bolcheviques rusos se encontraron entre los blancos (Ustrjalov, *smeno-vekhovtsij*, Eurasianistas de izquierdas) y entre los rojos (Lenin, Stalin, Radek, Lezhnev etcétera[15]). En Alemania el fenómeno análogo se asoció a las formas

---

[15]Durante los últimos años del régimen soviético el término «nacional-bolchevique» distinguió a algunos círculos conservadores del PCUS, los llamados «étatisti», y en esta acepción la expresión asumió un significado peyorativo. Pero éstos «nacional-bolcheviques», tardo-soviéticos, en primer lugar, no se reconocieron nunca en este nombre y, en segundo lugar, no trataron nunca de formular, de forma coherente su punto de vista, ni tan siquiera a través de una ideología aproximada. Naturalmente, estos «nacional-bolcheviques» estaban

de nacionalismo de extrema izquierda de los años 20-30, en los cuales hubo espacio para la combinación entre las ideas socialistas heterodoxas, idea nacional y actitud positiva frente a la Rusia soviética. Entre los nacional-bolcheviques alemanes, el más coherente y radical fue sin duda Ernst Niekisch; a este movimiento pueden ser reconducidos algunos revolucionarios-conservadores como Ernst Jünger, Ernst Von Salomon, August Winnig, Karl Petel, Harro Schulzen-Beysen, Hans Zehrer, los comunistas Laufenberg y Wolffheim, e incluso algunos exponentes de la ala izquierda del nacionalsocialismo, como Strasser y, durante un cierto periodo, Joseph Goebbels.

En realidad, el concepto de «nacional-bolchevismo», por amplitud y profundidad aglutina las corrientes políticas anteriormente mencionadas. Sin embargo, para llegar a una comprensión adecuada, deberemos examinar los problemas teóricos y filosóficos de orden más general, concernientes a las definiciones de «derecha» e «izquierda», de «nacional» y «social». El término «nacional-bolchevismo» contiene una paradoja consciente ¿cómo pueden dos nociones autónomas y exclusivas combinarse en un único término?

Independientemente de los éxitos alcanzados en las reflexiones de los nacional-bolcheviques, que se resentirán, indudablemente, por las limitaciones del contexto histórico específico, la idea de una perspectiva de izquierda del nacionalismo, y de derecha respecto al bolchevismo, se revela sorprendente e inesperadamente fecunda, abriendo horizontes absolutamente nuevos en lo que se refiere a la comprensión de la lógica histórica, del desarrollo social y del pensamiento político.

Nuestro punto de encuentro no será un hecho particular y concreto: Niekisch escribió esto, Ustrjalov valoró un cierto fenómeno en este sentido, Savitskij adujo estas argumentaciones y así sucesivamente. Por el contrario, deberemos intentar observar el fenómeno desde un punto de vista sin precedentes — aquello mismo que lo hace posible, la existencia misma de la combinación «nacional-bolchevismo». Procediendo así, estaremos en condiciones no solamente de describir el

---

vinculados a la línea de los años 20 y 30, pero esta conexión estaba basada sobre la inercia y nunca estuvo racionalmente reconocida.

fenómeno, sino también de comprenderlo y — gracias a esto — de discernir muchos otros aspectos de nuestra época paradójica.

6.2. La inestimable contribución de Karl Popper

En el arduo objetivo de definir el «nacional-bolchevismo», es difícil imaginar algo mejor que las investigaciones sociológicas de Karl Popper, especialmente su obra fundamental — *La Sociedad Abierta y sus Enemigos*. En esta obra ponderada, Popper propone un modelo más convincente en base al cual todos los tipos de sociedad se repartirán en grandes líneas a lo largo de dos categorías principales — las «Sociedades abiertas» y las «Sociedades no abiertas», o las «Sociedades de los Enemigos de las Sociedades abiertas». Según Popper, la «Sociedad abierta» se basa en la función central del individuo y sobre sus características fundamentales: racionalidad, discrecionalidad, ausencia de una teleología global en la acción etcétera. El sentido de «Sociedad abierta» consiste en el rechazo de todas las formas de Absoluto no reconducibles a la individualidad y a la naturaleza de ésta. Una sociedad tal es «abierta» justo a causa del simple hecho de que la variedad posible de combinaciones de los átomos individuales es ilimitada (aunque privada de sentido y de objetivo); teóricamente, una sociedad de este género debería ser encauzada a la consecución de un equilibrio dinámico ideal. El mismo Popper se declara un convencido partidario de la «sociedad abierta».

El segundo tipo de sociedad es definido por Popper como «hostil a la sociedad abierta». Queriendo prevenir las posibles objeciones, él no la llama «sociedad cerrada», sino que usa con frecuencia el término «totalitaria». En cualquier caso, según Popper, la simple aceptación o rechazo del concepto de «sociedad abierta» constituye un criterio de clasificación para cualquier doctrina política, social o filosófica.

Enemigos de la «Sociedad Abierta» son aquellos que propugnan cada género de modelo teórico fundado en el Absoluto, en lugar del papel central del individuo. El Absoluto, también cuando su constitución sucede espontáneamente y por libre elección, inmediatamente invade la esfera de lo individual, transforma radicalmente su proceso evolutivo, viola coercitivamente la integridad atomista del individuo sometiéndolo a cualquier otro impulso individual externo. El individuo es inmediatamente limitado por lo Absoluto — por lo tanto, la sociedad pierde su cualidad de «apertura» y la perspectiva de un libre desarrollo en todas las direcciones. El Absoluto dicta fines y funciones, establece dogmas y normas, plasma al individuo como el escultor plasma su material.

Popper hace comenzar la genealogía de los enemigos de la «Sociedad Abierta» con Platón, al que considera el fundador del totalitarismo en filosofía y el padre del «oscurantismo». Entonces, sucesivamente, traza una vía de continuidad con Schlegel, Schelling, Hegel, Marx, Spengler y otros pensadores modernos, todos asociados en una clasificación a partir de un indicio: la introducción de constructos metafísicos, éticos, sociológicos y económicos fundados sobre principios que niegan la «sociedad abierta» y la función central del individuo. Y sobre este punto Popper se encuentra absolutamente en lo cierto.

El elemento más importante del análisis de Popper es el hecho de que los pensadores y los políticos son catalogados como «enemigos de la sociedad abierta» independientemente de sus convicciones «de derecha» o «de izquierda», «reaccionarios» o «progresistas». Popper pone el acento sobre otro elemento más sustancial y fundamental, que toma ambos polos y unifica ideologías y filosofías a priori heterogéneas y contradictorias. Marxistas, conservadores, fascistas, e incluso algunos socialdemócratas — todos ellos pueden ser identificados como «enemigos de la sociedad abierta». Al mismo tiempo, liberales como Voltaire o pesimistas reaccionarios como Schopenhauer pueden descubrirse unidos al conjunto de los amigos de la sociedad abierta.

La fórmula de Popper es entonces la siguiente: o la «sociedad abierta» o «sus enemigos».

6.3. La santa alianza de lo objetivo

La definición más satisfactoria y embarazosa de nacional-bolchevismo será entonces la siguiente: «El nacional-bolchevismo es la super-ideología común a todos los enemigos de la sociedad abierta». No solo una entre las ideologías hostiles a tal sociedad — sino, y precisamente, su antítesis consciente, total y natural. El nacional-bolchevismo es un tipo de ideología que se apoya sobre la completa y radical negación del individuo en su papel central; y en la cual el Absoluto — en cuyo nombre el individuo es negado — asume su sentido más amplio y general. Nos atreveremos a decir que el nacional-bolchevismo justifica casi cualquier versión del Absoluto, cualquier rechazo de la «sociedad abierta». En el nacional-bolchevismo está implícita la tendencia a universalizar el Absoluto a toda costa, a promover una ideología y un programa político tal que se convierta en la encarnación de todas las formas intelectuales de hostilidad hacia la «sociedad abierta», reconducida a un común denominador e integrada por un bloque conceptual y político indivisible.

Naturalmente, en el curso histórico, las diferentes tendencias hostiles a la sociedad abierta fueron también hostiles entre ellas. Los comunistas han negado indignados cualquier semejanza con los fascistas, y los conservadores han rechazado tener nada que ver con las dos corrientes citadas. En la práctica, ninguno entre los «enemigos de la sociedad abierta» ha admitido nunca una relación con las otras ideologías análogas, considerando antes la comparación como una crítica denigrante. Al mismo tiempo, las diferentes versiones de la misma «sociedad abierta» se han desarrollado en estrecha unión recíproca, demostrando una clara conciencia de su parentesco ideológico y filosófico. El principio del individualismo ha sabido unir la monarquía protestante de Inglaterra al parlamentarismo democrático de Norteamérica, donde en los inicios el liberalismo se combinó, curiosamente, con las prácticas esclavistas.

Fueron precisamente los nacional-bolcheviques los primeros en intentar una coalición de las varias ideologías hostiles a la «sociedad abierta»; ellos revelaron la existencia de aquel eje común que — al igual que sus adversarios ideológicos — reunía en torno a sí todas las posibilidades alternativas al individualismo y a la sociedad fundada sobre este principio.

Los primeros nacional-bolcheviques históricos construyeron sus teorías sobre la base de este impulso profundo y casi irreflexivo. El blanco de las críticas del nacional-bolchevismo fue el individualismo, tanto de «derecha» como de «izquierda». En referencia a la derecha la crítica se centró en la economía, en la «teoría del libre mercado»; en el caso de la izquierda en el liberalismo político: la «sociedad legalista», los «derechos humanos» etcétera.

En otras palabras, más allá de las ideologías, los nacional-bolcheviques supieron escoger la esencia de la posición metafísica propia y aquella de sus adversarios.

En el lenguaje filosófico, «individualismo» se identifica prácticamente con el «subjetivismo». Si hacemos una lectura de la estrategia nacional-bolchevique a este nivel, podemos afirmar que el nacional-bolchevismo es totalmente contrario a lo «subjetivo» y totalmente partidario de lo «objetivo». La cuestión no plantea la dicotomía de los términos materialismo o idealismo, sino en los términos: idealismo objetivo y materialismo objetivo (¡desde un lado de la barricada!) o idealismo subjetivo y materialismo subjetivo (¡desde el otro lado![16]).

---

[16]Si las tres primeras nociones («materialismo objetivo» o simplemente «materialismo», «idealismo objetivo» y «idealismo subjetivo») son de uso corriente, el término «materialismo subjetivo» requiere de una ulterior explicación. «Materialismo subjetivo» es la ideología — típica de la sociedad de consumo . según la cual la satisfacción de las necesidades individuales de naturaleza material y física es la motivación principal de la acción. Sobre esta base, la realidad no consiste en las estructuras de la conciencia individual (como en el idealismo subjetivo), sino en el complejo de las sensaciones individuales, en las emociones de rango más bajo, en los miedos y en los placeres, en los estratos inferiores de la psique humana, conectados con las funciones corpóreas y vegetativas. A nivel filosófico se corresponden con el sensualismo y el pragmatismo, así como algunas corrientes psicológicas — en primer lugar, el freudismo. Entre otras cosas, todos los intentos de revisionismo político en el seno del movimiento comunista, desde el machismo al bernsteinismo, se acompañan, sobre el plano filosófico, con la tendencia subjetivista y las varias versiones del «materialismo subjetivo» — y de cuya manifestación extrema habría surgido el freudo-marxismo.

Así, la filosofía política del nacional-bolchevismo sostiene la natural unidad de las ideologías fundadas sobre la afirmación de la posición central de lo objetivo, al cual le es conferido un estatus idéntico a aquel del Absoluto, independientemente de cómo sea interpretado este carácter objetivo. Podremos decir que la máxima metafísica suprema del nacional-bolchevismo es la fórmula hinduista de *Atman* es *Brahman*. En el hinduismo *Atman* es el «sí mismo», el humano supremo, trascendente, indiferente al «sí mismo» individual, pero al mismo tiempo contenido en éste último, como su parte más íntima y misteriosa, que huye ante los condicionamientos de lo inmanente. El *Atman* es el espíritu interior pero en el sentido objetivo y supraindividual. *Brahman* es la realidad absoluta, que abraza al individuo desde el exterior, el carácter objetivo exterior elevado a su fuente primaria y suprema. La identidad de *Atman* y *Brahman* en la unidad trascendente es el sello de la metafísica hinduista y, sobre todo, el punto de partida de la realización espiritual. Se trata de un elemento común a todas las doctrinas sagradas, sin excepción. En todas ellas se presenta la cuestión del objetivo fundamental de la existencia humana, de la superación del «sí mismo», de la expansión más allá de los límites del pequeño «sí mismo» individual; la vía que se aleja de este «sí mismo», interior o exterior, conduce al mismo éxito victorioso. De aquí la paradoja de la tradición iniciática, expresada en aquella famosa fórmula del Evangelio: «aquel que pierde su alma en mi nombre, ese habrá salvado el alma». El mismo significado viene a contener la genial afirmación de Nietzsche: «Lo humano es aquello que debe ser superado». El dualismo filosófico entre «subjetivo» y «objetivo» ha extendido su influencia a lo largo de todo el curso de la historia, la esfera de las ideologías y, a continuación, la especificidad de la política y del ordenamiento social. Las diferentes versiones de la filosofía «individualista» se han concentrado progresivamente en el ámbito ideológico del liberalismo y de la política liberal-democrática. Se trata precisamente del macromodelo de «sociedad abierta» del cual se ha ocupado Popper. La «sociedad abierta» es el último fruto, y el más maduro, del individualismo cuando la ideología se estaba concretando en una política concreta. Con lo cual es un deber elevar el problema a un máximo común denominador ideológico para los partidarios del enfoque «objetivo», de un programa sociopolítico universal para los «enemigos de la sociedad abierta». El resultado que obtendremos será justamente la ideología del nacional-bolchevismo.

Paralelamente a la radical innovación de esta filosofía discriminatoria, operada verticalmente respecto a los esquemas habituales (como idealismo-materialismo), los nacional-bolcheviques señalan una nueva línea en los límites de la política. Derecha e izquierda son ahora divididas en dos sectores. La extrema izquierda — comunistas, bolcheviques, «hegelianos de izquierda» — vienen a combinarse en la síntesis nacional-bolchevique con extremistas nacionalistas, étatisti, partidarios de la idea del «Nuevo Medievo» — en breve con todos los «hegelianos de derecha[17]».

Los enemigos de la sociedad abierta vuelven a un terreno metafísico común.

6.4. La metafísica del bolchevismo (Marx, visto desde la «derecha»)

Aclaremos ahora el modo de entender los dos componentes de la expresión «nacional-bolchevique» en un significado puramente metafísico.

Como es sabido, el término «bolchevismo» ha hecho su aparición en el curso del debate interno del POSDR (Partido Trabajador Social-Democrático Ruso) para definir la facción que se formó con Lenin. Recordemos que la política de Lenin respecto a la socialdemocracia rusa consistente en unas directrices de extrema radicalidad, en el rechazo de los compromisos , en el incremento del carácter elitista del partido y en el *blanquismo* (teoría de la «conspiración revolucionaria»). A continuación, los hombres que llevaron a término la

---

[17]En el lado opuesto se ha producido en proceso inverso: revisionistas kantianos de las filas de la socialdemocracia, liberales de izquierda y progresistas revelaron la proximidad respecto a los conservadores de derecha que reconocen los valores del mercado, el libre intercambio y los derechos del hombre.

Revolución de Octubre y tomaron el poder en Rusia fueron llamados «bolcheviques». Pero en la fase post-revolucionaria, prácticamente a punto de perder su significado circunscrito a la propia revolución, comenzó a ser conocido como sinónimo de «mayoritario» , de «política pan-nacional» de «integración nacional» (el ruso *bolchevique* pudo traducirse, de forma aproximada, como «representante de la mayoría»). Se llegó a una fase en la cual el «bolchevismo» fue percibido como una versión nacional, puramente rusa, del comunismo y del socialismo, en contraposición a las abstracciones dogmáticas de los marxistas y, al mismo tiempo, de la táctica conformista de las demás tendencias socialdemócratas. Una interpretación similar del «bolchevismo» fue, en gran medida, característica de Rusia, y fue aquella que predominó de forma casi indiscutible en Occidente. La mención del «bolchevismo» en relación con el término «nacional-bolchevismo» no se limita, sin embargo, a este significado histórico. Estamos en presencia de una determinada política, común a todas las tendencias de izquierda radical de naturaleza socialista o comunista; podemos definirla como «radical», «revolucionaria», «anti-liberal». La referencia es aquel aspecto de las teorías de izquierda que Popper define como «ideología totalitaria» o como teoría de los «enemigos de la Sociedad abierta». De modo que no es posible reducir el «bolchevismo» a la influencia de la mentalidad rusa sobre la doctrina socialdemócrata. Se trata de una determinada componente siempre presente en todas las filosofías de izquierda, y que puede desarrollarse libremente solamente en las condiciones de Rusia.

En los últimos tiempos, una cuestión que está siendo cada vez más relevante, y con mayor frecuencia, entre los historiadores más objetivos: ¿la ideología fascista es realmente *de derecha*? Y el mismo hecho de expresar esta duda apunta, de forma natural, en la dirección de una posible reinterpretación del «fascismo» como fenómeno más bien complejo, y que presenta una cantidad de características típicamente «de izquierda». Por lo que sabemos, la cuestión simétrica — ¿la ideología comunista es realmente de *izquierda*? — no ha sido todavía planteada. Pero la cuestión que se hace siempre más urgente: ¿es necesario plantear esta pregunta?

Es difícil negar al comunismo características verdaderamente «de derecha» — tales como la apelación a la racionalidad, al progreso, al humanismo, al igualitarismo etcétera. Pero al lado

de éstas, también se presentan aspectos que van más allá, sin ningún género de duda, de un marco de «izquierda» y se asocian a la esfera de lo irracional, de la mitología, del arcaísmo, del anti-humanismo y del totalitarismo. Es este conjunto de elementos de «derecha» presentes en la ideología comunista, en los que debería establecerse la definición del «bolchevismo» en el sentido más general. Ya en el propio marxismo, dos de sus «ingredientes» ideológicos aparecieron bajo sospecha, desde el punto de vista del pensamiento progresista, auténticamente de «izquierda». Se trata de la herencia de los utopistas franceses y del hegelianismo. Solo la ética de Feuerbach contrasta con la esencia «bolchevique» de la construcción ideológica de Marx, confiriendo a la totalidad del discurso una cierta coloración terminológica humanista y progresista.

Los socialistas utópicos, ciertamente incluidos por Marx en el grupo de sus predecesores y maestros, son los exponentes de un particular mesianismo místico y los precursores del «retorno a la Edad de Oro». Prácticamente todos fueron miembros de sociedades esotéricas, fuertemente caracterizadas por una atmósfera de misticismo radicalizado, escatología y predicciones apocalípticas. Era un universo en el que se cruzaban motivos sectarios, ocultistas y religiosos, cuyo sentido se reducía al siguiente esquema: «El mundo moderno es irremediablemente malvado, ha perdido la dimensión de lo sagrado. Las instituciones religiosas se han corrompido y han perdido la bendición de Dios (un tema común entre las sectas extremistas protestantes, los *Anabaptistas* y los Viejos Creyentes rusos). El mundo está gobernado por el mal, por el materialismo, por el engaño, por la mentira y por el egoísmo. Pero los iniciados saben de la próxima venida de una nueva edad de oro, y la promueven con rituales enigmáticos y acciones ocultas».

Los socialistas utópicos proyectaron este modelo, común al esoterismo mesiánico occidental, sobre la realidad social, y la revistieron de apariencias políticas y sociales del siglo áureo que estaba por venir. Ciertamente había un elemento de racionalización del mito escatológico, pero al mismo tiempo el carácter sobrenatural del Reino por venir, del *Regnum*, es evidente en sus programas sociales y en sus manifiestos, donde no es difícil encontrar descripciones de las maravillas de la futura sociedad comunista (navegaciones sobre el lomo de delfines, manipulación de las condiciones meteorológicas, unidad de las mujeres, vuelos humanos etcétera). Es absolutamente evidente el carácter casi «tradicional» de esta dirección política: un misticismo escatológico así de radical, la idea de retorno a los Orígenes, justifican plenamente la clasificación de esta componente no solo de «derecha», sino más allá de la «extrema derecha».

Vayamos a Hegel y a su dialéctica. Es ampliamente conocido que las convicciones políticas personales del filósofo fueron extremadamente reaccionarias. Pero no es este el punto que nos interesa. Si examinamos en profundidad la dialéctica de Hegel, en el fundamento metodológico de su filosofía (y fue justamente el método dialéctico aquel que Marx tomó prestado en gran medida de Hegel), descubrimos una doctrina perfectamente tradicionalista, escatológica y que, incluso, hace uso de una terminología específica. Más allá de esto, tal metodología refleja la estructura del enfoque iniciático y esotérico de los problemas gnoseológicos, bien alejado de la lógica puramente profana de Descartes y Kant; aquellos tuvieron como fundamento el «sentido común», las especificaciones gnoseológicas de aquella «conciencia de la vida cotidiana», de la cual — vale la pena constatar — todos los liberales, y en particular Karl Popper, son apologistas.

La filosofía de la historia de Hegel es una versión del mito tradicional, integrada por una teleología puramente cristiana. La Idea Absoluta, alienada de sí misma, deviene el mundo (recordemos la fórmula del Corán: «Alá era un tesoro oculto que quería ser descubierto»). Encarnada en la historia, la Idea Absoluta ejerce una influencia desde el exterior sobre los hombres, como «astucia de la Razón», predeterminando el carácter providencial de la trama de los acontecimientos. Pero finalmente, mediante el advenimiento del Hijo de Dios, la perspectiva apocalíptica de la realización total de la Idea Absoluta se desvela al nivel subjetivo, que, justo por efecto de esto, de lo «subjetivo» se hace «objetivo». «El Ser y la Idea son una sola cosa». *Atman* coincide con *Brahman*. Y esto sucede en un determinado Reino particular, en un imperio del Fin, que el nacionalista alemán Hegel identificó con Prusia. La idea Absoluta es la tesis; la alienación en la historia es la antítesis; su realización en el Reino escatológico es la síntesis. La gnoseología hegeliana se funda sobre esta visión ontológica. Distinta de la racionalidad común — que se apoya sobre las leyes de la lógica formal, actúa solamente con afirmaciones positivas y se limita a las actuales relaciones de causa-efecto — la «nueva lógica» de Hegel asume por objeto aquella especial dimensión ontológica de la cosa, integrada en su aspecto potencial, inaccesible a la conciencia de las místicas de Paracelso, Jakob Böhme, los hermetistas y los Rosacrucianos. El hecho es que un sujeto o afirmación (al cual se reduce la gnoseología «cotidiana» de Kant) es para Hegel sólo una de las tres hipóstasis. La segunda hipóstasis es la «negación» de aquel hecho, entendida no como una pura nada (según la visión de la lógica formal) sino como una particular modalidad de existencia supra-intelectual de una cosa o de una afirmación. La Primera hipóstasis es la *Ding für uns* (la cosa para nosotros); la Segunda es la *Ding an sich* (la cosa en sí). Pero la diferencia de la perspectiva kantiana, la «cosa en sí» es interpretada no como algo trascendente o puramente apofático, no como un no-ser gnoseológico, sino como ser-de-otro-modo gnoseológico. Y estas dos hipóstasis desembocan en una Tercera, la síntesis, que abraza afirmación y negación, tesis y antítesis. Así, considerando el proceso de pensamiento en su coherencia, la síntesis tiene lugar después de la «negación», en cuanto segunda negación, es decir, «negación de la negación». En la síntesis están comprendidas tanto la afirmación como la negación. La cosa co-existe con su propia muerte, que según una particular perspectiva ontológica y gnoseológica no es vista como vacía, sino como otro-modo-de-ser de la vida, como alma.

El pesimismo gnoseológico kantiano, raíz de la meta-ideología liberal, es derribado y dado a conocer, cual «irreflexión», y la *Ding an sich* (cosa en sí) deviene *Ding für sich* (cosa por sí misma). La razón del mundo y el mundo mismo se combinan en la síntesis escatológica, dónde existencia y no-existencia están presentes, sin excluirse recíprocamente. El Reino Terrenal del Fin, dirigido por la nueva casta de los Iniciados (la Prusia ideal) se integra con la Nueva Jerusalén descendida a la tierra. Llega al final de la historia y la era del Espíritu Santo.

Este escenario mesiánico-escatológico fue tomado en préstamo por Marx y aplicado a una esfera diferente, aquella de las relaciones económicas. Una pregunta interesante: ¿por qué hizo esto? La «derecha» está dispuesta a responder citando su «falta de idealismo», su «naturaleza grosera» (si no sus intentos subversivos). Explicaciones sorprendentemente estúpidas, que mantienen su popularidad en el curso de varias generaciones de reaccionarios. Con mucha mayor verosimilitud Marx — que estudió a fondo la economía política inglesa — se vio sorprendido por la semejanza de las teorías liberales de Adam Smith, que vio la historia como un movimiento progresivo hacia la sociedad del libre mercado, y la universalización de un común denominador monetario y material, y el concepto hegeliano que expresa la antítesis histórica, hay que decirlo, de la alienación de la Idea Absoluta en la historia. De un modo genial, Marx ha identificado la máxima alienación del Absoluto en el Capital, la formación social que activamente ha subsumido a la Europa que le fue contemporánea.

Del análisis de la estructura del capitalismo y de su desarrollo histórico, Marx extrae el conocimiento de la mecánica de la alienación, la fórmula alquímica de sus reglas de funcionamiento. Y esta comprensión mecánica — «las fórmulas de la antítesis» — fue solo la primera y necesaria condición para la Gran Restauración o la Última Revolución. Para Marx el Reino del comunismo por venir no era simplemente el progreso, sino el éxito final, la inversión, la «revolución» en el sentido etimológico del término. No es sorprendente que defina el estadio inicial de la humanidad como «comunismo de las cavernas». La tesis es el «comunismo de las cavernas», la antítesis es el Capital, la síntesis es el comunismo mundial. Comunismo es sinónimo de Fin de la Historia, de la era del Espíritu

Santo. El materialismo, el focalizarse sobre relaciones económicas e industriales, todo esto no testimonia el interés de Marx por la praxis, sino su aspiración a la transformación mágica de la realidad y su radical rechazo a los sueños compensatorios de todos aquellos soñadores irresponsables que no hacen más que agravar la alienación con su inacción. Según una lógica similar, los alquimistas medievales pudieron ser acusados de «materialismo» y sed de ganancia — si no se tuviese en consideración el simbolismo profundamente espiritual e iniciático que se oculta tras los discursos sobre la destilación de las orinas, sobre la fabricación del oro, sobre la conversión de los minerales en metales y otras tantas cosas.

Estas tendencias gnósticas presentes en Marx y en sus predecesores fueron recogidas por los bolcheviques rusos, crecidos en un ambiente en el que las fuerzas enigmáticas de las sectas rusas, el mesianismo nacional, las sociedades secretas y los caracteres apasionados y románticos de los rebeldes rusos eran un fermento contra un régimen monárquico alienado, secularizado y degenerado. «Moscú-Tercera Roma»; el pueblo ruso como portador de Dios; la nación del Hombre Integral; la Rusia destinada a salvar el mundo: de todas estas ideas estaba impregnada la vida rusa, en sintonía con la inclinación a vislumbrar un sujeto esotérico en el marxismo. Pero, más allá de las fórmulas estrictamente espiritualistas, el marxismo ofrecía una estrategia económica, política y social clara y concreta, comprensible también para la gente simple y apta para formar una base y proveer de naturaleza social y política.

Fue este «marxismo de derecha» el que triunfó en Rusia, bajo el nombre de «bolchevismo». Pero esto no significa que se tratase de una cuestión exclusivamente rusa: tendencias análogas están presentes en los partidos y en los movimientos comunistas de todo el mundo — bien entendido, cuando estos no se han degradado al nivel de las socialdemocracias parlamentarias o permanecen en conformidad con el espíritu liberal. Así, no sorprende el hecho de que revolucionarios socialistas hayan existido, más allá de Rusia, solo en Oriente: China, Corea, Vietnam etcétera. Es la confirmación de cómo justamente los pueblos y las naciones más tradicionales, las menos progresistas y «modernas» (las menos alienadas del Espíritu), aquellas más «a la derecha», han reconocido en el comunismo una esencia mística, espiritual y «bolchevique».

El nacional-bolchevismo toma la vía justa de esta tradición bolchevique, de la política del «comunismo de derecha» cuyos orígenes se remontan a las antiguas sociedades iniciáticas y a las doctrinas espirituales de edades remotas. El aspecto económico del comunismo no es entonces negado, sino considerado como un medio de la práctica teúrgica y mágica, como un particular instrumento de la transformación social. La única cosa que viene rechazada es aquella componente históricamente inadecuada y caduca del discurso marxista, en la cual están presentes los temas accidentales y obsoletos del humanismo y del progresismo.

El marxismo de los nacional-bolcheviques equivale a Marx menos Feuerbach — es decir, menos el evolucionismo y el humanismo inercial que a veces aparece.

6.5. Metafísica de la Nación

También la otra parte del término «nacional-bolchevismo» merece ser explicada. El concepto de «nación» es cualquier cosa menos simple; su interpretación puede ser de naturaleza biológica, política, cultural o económica. Nacionalismo puede significar tanto la exaltación de la «pureza racial» o de la «homogeneidad étnica», como el agregado de individuos atomizados con el objetivo de asegurarse el *optimun* de condiciones económicas en un espacio social y geográfico limitado.

La componente «nacional» del nacional-bolchevismo (ya sea en su sentido histórico, metahistórico o absoluto) es del todo especial. A lo largo de la historia los círculos del nacional-bolchevismo se han visto contradecidos por la tendencia a leer el concepto de nación en su significado imperial, geopolítico. Para los seguidores de Ustrjalov, los Eurasianistas de izquierda, por no hablar de los nacional-bolcheviques soviéticos, el «nacionalismo» es super-ético, y está asociado al mesianismo geopolítico, al «lugar de desarrollo», a la cultura, al fenómeno-nación a escala continental. También en los escritos de Niekisch y de sus seguidores alemanes encontramos la idea del imperio continental «desde Vladivostok a Flessing», junto con la idea de «tercera figura imperial» (*Das Dritte imperiale Figur*).

En todos los casos, se trata de la cuestión de la interpretación geopolítica y cultural de la nación, extraña a cualquier mínimo trazo de racismo, jingoísmo o miras de «pureza étnica».

Esta lectura cultural y geopolítica de la «nación» está fundada sobre el fundamental dualismo geopolítico que se encuentra en las obras de Halford Mackinder, cuya primera definición, fue inmediatamente retomada por la escuela de Karl Hausfoher y los eurasianistas rusos. La agregación imperial de las naciones orientales, unidas en torno a Rusia, constituye el posible esqueleto de la nación continental, consolidada por la elección «ideocrática» y desde el rechazo hacia la plutocracia, en una orientación socialista y revolucionaria contra el capitalismo y el «progreso».

Es significativo que Niekisch insistiese en la afirmación de que, en Alemania, el Tercer Reich debería haberse erigido en torno a la Prusia protestante y potencialmente socialista, genética y culturalmente asociada a Rusia y al mundo eslavo — y no a la Baviera católica y occidental, que gravitaba sobre la órbita de Roma y del modelo capitalista[18]. Pero junto con esta versión «gran-continental» del nacionalismo — la cual se corresponde exactamente con la reivindicación mesiánica, universal y específica del nacionalismo ruso, escatológico y ecuménico — ha existido también en el nacional-bolchevismo una interpretación más restringida, que respecto a la escala imperial no se presenta como una contradicción, sino como su definición a un nivel inferior.

En este último caso, la «nación» ha sido leída de forma análoga al concepto de *narod* (pueblo, nación), correspondiente a las interpretaciones de los *narodniki* (populistas) rusos — es decir, como

---

[18]La desastrosa victoria de la línea hitleriana, austro-bávara y eslavófoba, fue proféticamente reconocida por Niekisch ya en 1932, como declaró abiertamente en el libro *Hitler, un destino nefasto para Alemania*. Es sorprendente como desde entonces Niekisch predijo todas las trágicas consecuencias de la victoria de Hitler para Rusia, Alemania y, en general, para la idea de Tercera Vía.

un ente integral y orgánico, por su esencia refractaria ante cualquier subdivisión anatómica, dotado de su destino particular y de su estructura única.

Según la doctrina tradicional, un determinado Ángel, un determinado ser celestial, está encargado de velar por cada nación de la Tierra. Aquel Ángel es el sentido histórico de la nación particular — más allá del tiempo y del espacio, y sin embargo todavía presente en las vicisitudes históricas de la nación. Es aquí donde reside el fundamento de la mística de la nación. El «Ángel de la nación» no es cualquier cosa vaga o sentimental, nebulosa — es una esencia intelectual, luminosa, un «pensamiento de Dios», como dijo Herder. Su estructura es visible en las realizaciones históricas de la nación, en las instituciones sociales y religiosas que la caracterizan, en su cultura. La totalidad de la trama histórica nacional no es otra cosa que el texto de la narración de la cualidad, y de las formas, de aquel Ángel nacional luminoso. En las sociedades tradicionales el Ángel de la nación se manifestaba de forma personal a través de los reyes «divinos», en los grandes héroes, en los pastores y en los santos. Pero su realidad sobrehumana lo hace independiente del soporte humano. Por lo tanto, una vez caídas las dinastías monárquicas, puede encarnarse en una forma colectiva — por ejemplo, en un orden, en una clase, e incluso en un partido.

Así, la «nación», tomada como categoría metafísica, no se identifica con la multitud de los individuos concretos con la misma sangre o que hablan la misma lengua, sino con la misteriosa personalidad angélica que se muestra a lo largo de todo el devenir histórico. Es análogo a la Idea Absoluta de Hegel, pero en forma minúscula. El intelecto nacional se expande en la multitud de los individuos y de nuevo se concentra — en su aspecto consciente, «completo» — en la élite nacional en el curso de determinados períodos escatológicos de la historia.

Nos encontramos ante un punto muy importante: estas dos interpretaciones de la «nación», ambas aceptables para la ideología nacional-bolchevique, tienen un fondo común, un punto mágico en el cual se funden formando un conjunto. Se trata de Rusia y de su misión histórica. Es significativo que en el nacional-bolchevismo alemán fuese la rusofilia la que desarrollase la función de piedra angular sobre la cual se erigía la visión geopolítica, social y económica. La interpretación rusa (y en amplia medida soviética) de la «nación rusa», como comunidad mística y abierta destinada a llevar la luz de la salvación y de la verdad a todo el mundo, en la época del fin de los tiempos — esta interpretación satisface tanto a la concepción «gran-continental» como aquella histórico-cultural de la nación. Desde esta perspectiva, el nacionalismo ruso y soviético se convierte en el eje ideológico del nacional-bolchevismo, no sólo dentro de los confines de Rusia y Europa oriental, sino a nivel planetario. El Ángel de Rusia se manifiesta cual Ángel de la integración, como ser luminoso particular que trata de unir teológicamente a otras esencias angélicas en el interior de sí mismo, sin eliminar las individualidades, sino elevándolas a escala imperial y universal. No es, de hecho, accidental que Erich Müller haya escrito en su libro titulado *Nacional-bolchevismo*: «Si el Primer Reich fue católico, y el segundo fue Protestante, el Tercer Reich debería ser Ortodoxo». Ortodoxo y soviético al mismo tiempo.

En el caso específico, estamos frente a una cuestión de extremo interés. Si los Ángeles de las naciones son individualidades diferentes, los destinos de las naciones en el curso de la historia y, en la misma medida, sus instituciones sociales, políticas y religiosas reflejan la claridad de las fuerzas del mismo mundo angélico. Es fascinante: esta idea, absolutamente teológica, es brillantemente confirmada por el análisis geopolítico, que demuestra la interrelación entre las condiciones de existencia geográficas y territoriales de las naciones, y sus culturas, psicologías, e incluso inclinaciones sociales y políticas. Así encuentra una gradual explicación el dualismo entre Oriente y Occidente, replicado por el dualismo étnico: la tierra, la Rusia «ideocrática» (el mundo eslavo además de las restantes etnias eurasiáticas) contra la isla, el Occidente plutocrático anglosajón. Las hordas angélicas de Eurasia contra las armadas Atlánticas del capital. La verdadera naturaleza del «Ángel» del capitalismo (según la Tradición su nombre es Mammón), su significado no es difícil de desentrañar.

6.6. El tradicionalismo (Evola visto «desde la izquierda»)

Cuando Karl Popper «desenmascara» a los enemigos de la «sociedad abierta», hace uso constantemente del término «irracionalismo». Es lógico, porque la propia «sociedad abierta» está basada en las reglas del sentido común y sobre los postulados de la «conciencia ordinaria». En general, incluso los autores más abiertamente anti-liberales tienden a justificarse y a objetar contra la acusación de «irracionalismo». Los nacional-bolcheviques, aceptando coherentemente el esquema de Popper, expresaron una valoración opuesta, y aceptaron también ésta acusación. Es cierto — la motivación principal de los «enemigos de la sociedad abierta» y de sus acérrimos y coherentes adversarios, los nacional-bolcheviques, no nace sobre el terreno racionalista. En la presente cuestión nos será de especial ayuda la obra de los escritores tradicionalistas, y en primer lugar aquella de René Guénon y Julius Evola.

Tanto en Guénon como en Evola se encuentra expuesta al detalle la mecánica del proceso cíclico, en el cual la corrupción del elemento Tierra (y de la correspondiente conciencia humana), la desacralización de la civilización y el moderno «racionalismo» con todas sus lógicas consecuencias, son considerados como una de las fases de la degeneración. Lo irracional no es interpretado por los tradicionalistas como una categoría negativa o peyorativa, sino como una gigantesca esfera de la realidad, no susceptible al estudio con los métodos de análisis y el sentido común exclusivamente.

Por lo tanto, sobre este tema la doctrina tradicional no rechaza las sagaces conclusiones del liberal Popper, sino que está de acuerdo con este, apuntando en la dirección opuesta. La Tradición se funda sobre el conocimiento súper-intelectual, sobre el ritual iniciático que provoca la fractura de la conciencia, sobre doctrinas expresadas en símbolos. El intelecto discursivo tiene un valor únicamente auxiliar, por tanto no reviste significado decisivo alguno. El centro de gravedad de la Tradición se coloca dentro de una esfera no solamente no racional, sino incluso no-humana — y no se trata de la bondad de la intuición, de la previsión o de los presupuestos, sino de la fiabilidad de la particular experiencia iniciática. Lo irracional, desenmascarado por Popper como punto central de las doctrinas de los enemigos de la Sociedad Abierta, es en realidad, nada más y nada menos, que el eje de lo Sagrado, el fundamento de la Tradición. Estando así las cosas, las diferentes ideologías antiliberales — incluso las ideologías revolucionarias «de izquierda» — deberían tener una relación con la Tradición. Ahora bien, si esto parece obvio en el caso de las ideologías de «extrema derecha», ultraconservadoras, es problemático en el caso de las ideologías de «izquierda». Ya hemos tocado esta cuestión al tratar el concepto de «bolchevique». Pero todavía hay otro punto: las ideologías revolucionarias antiliberales, especialmente el comunismo, el anarquismo y el socialismo revolucionario, prefiguran no sólo la radical destrucción de las relaciones capitalistas, sino también de las instituciones tradicionales — monarquía, Iglesia, organizaciones religiosas etcétera. ¿Cómo combinar este aspecto del antiliberalismo con el tradicionalismo?

Es significativo que el mismo Evola (y en cierta medida Guénon, si bien esto no puede ser afirmado más allá de cualquier duda, en cuanto a su actitud respecto a la «izquierda» no fue nunca demasiado explícita) negó cualquier carácter tradicional en las doctrinas revolucionarias, considerándolas como la máxima expresión del espíritu contemporáneo, de degradación y decadencia. Sin embargo, fueron las vicisitudes personales de Evola, en sus fases — especialmente las primeras y las últimas — durante las que se manifestaron puntos de vista nihilistas y anarquistas, teniendo como única propuesta positiva «cabalgar el tigre», lo que supone hacer frente común con las fuerzas del declinar y del caos con el objetivo de superar el punto crítico del «ocaso de Occidente». Pero aquí no nos vamos a ocupar de la experiencia histórica de Evola en cuanto a figura política. Por el contrario, es importante señalar cómo en sus escritos — también en aquellos de las etapas intermedias, de máximo conservadurismo

— viene acentuada la necesidad de apelar a alguna tradición eso-
térica; lo que, en general, no está del todo en consonancia con los
modelos monárquicos y clericales prevalentes entre los conservadores
europeos que tuvieron contacto con él durante esa época. No se
trata solamente de su anticristianismo, sino de su vivo interés por la
tradición tántrica y por el Budismo, que en el contexto del tradicional conservadurismo hinduista son considerados como heterodoxos
y subversivos. Más allá de esto, son absolutamente escandalosas
las simpatías de Evola con personajes como Giuliano Kremmerz,
Maria Naglovska y Aleister Crowley, que fueron incluidos, sin ningún
tipo de contemplaciones, por Guénon entre los representantes de la
«contra-iniciación», parte de las tendencias negativas y destructivas
del esoterismo. Así, si Evola reclama constantemente a la «ortodoxia
tradicionalista» y crítica violentamente las doctrinas subversivas de
la izquierda, al mismo tiempo apela a una evidente heterodoxia. Todavía más significativo es su reconocimiento entre los seguidores de la
«Vía de la mano izquierda». Y aquí llegamos a un punto conectado,
específicamente, con la metafísica del «nacional-bolchevismo». En
este encontramos, de hecho, paradójicamente combinadas el conjunto
de dos tendencias políticas que no solo son antagonistas («derecha»
e «izquierda»), dos sistemas filosóficos en los que, a simple vista,
uno supone la negación del otro (idealismo y materialismo), sino
que se trata de dos tendencias en el seno del mismo tradicionalismo,
la positiva (ortodoxa) y la negativa (subversiva). En el caso que
estamos tratando, Evola es un autor significativo, si bien existe una
cierta discrepancia entre sus doctrinas metafísicas y sus convicciones
políticas, basadas — según nuestra opinión — en algunos prejuicios
típicos de la «extrema derecha» medio-europea contemporánea.

En aquel extraordinario libro sobre Tantrismo que es *El Yoga
de la potencia*, Evola describe la estructura iniciática de las organizaciones tántricas (*kaula*) y su jerarquía típica[19]. Esta jerarquía se
muestra verticalmente en la actitud hacia la misma jerarquía sagra-

---

[19]Es significativo que la descripción de las sectas tántricas recuerde, de modo
sorprendente, a las tendencias escatológicas europeas: la secta de los *raskol 'niki*
(cismáticos) rusos, los milenaristas y... ¡Las organizaciones revolucionarias!

da, característica de la sociedad hinduista. El ritual tántrico (como la misma doctrina budista) y la participación en sus iniciaciones traumáticas, comportan, en una cierta medida, la eliminación de toda estructura social y política ordinaria, afirmando que «aquellos que recorren la vía breve, no tienen necesidad de apoyo externo». Para las finalidades del tantrismo no tiene ninguna importancia ser *Brahmán* o un *chandala* (representante de las clases inferiores). Todo depende del éxito en el cumplimiento de las complejas operaciones iniciáticas y de la autoridad de la experiencia trascendente. Es una suerte de «sacralidad de izquierda», fundada en la convicción de la insuficiencia, en la degeneración y en el carácter alienado de las instituciones sagradas ordinarias. En otros términos, el esoterismo «de izquierda» se opone al esoterismo «de derecha», no en la medida de la negación, sino como consecuencia de una particular afirmación paradójica, alegando el carácter auténtico de la experiencia y sobre el carácter concreto de la auto-transformación. Es evidente que nos encontramos frente a esta realidad del esoterismo «de izquierda» en el caso de Evola y de aquellos místicos que están en el origen de las ideologías socialistas y comunistas. La crítica destructiva hacia las Iglesias no son una mera negación de la religión, es una particular forma estática del espíritu religioso, que insiste en la naturaleza absoluta y concreta de la auto-transformación «aquí y ahora». El fenómeno de los Viejos Creyentes, las autoinmolaciones o la rectitud de los Milenaristas pertenecen a la misma especie. El propio Guénon, en un artículo bajo el título *El quinto Veda*, dedicado al Tantrismo, dice que, en particulares periodos cíclicos, próximos al fin de la Edad del Hierro, del Kali-Yuga, muchas antiguas instituciones tradicionales pierden su fuerza vital y, en la misma medida, la auto-realización metafísica debe hallarse en métodos y vías nuevas, no ortodoxas. He aquí porqué — a pesar de que sean solo cuatro Vedas — la doctrina Tántrica es llamada «Quinto Veda». En otras palabras, la vía que las tradicionales instituciones conservadoras decaídas (es el caso de la monarquía, de la Iglesia, de la jerarquía social, del sistema de castas etcétera) asumen una función más de primer plano que aquellas prácticas iniciáticas particulares, arriesgadas y peligrosas, vinculadas a la «Vía de la mano izquierda».

El «tradicionalismo» típico del nacional-bolchevismo, en su acepción más general, es el esoterismo «de izquierda», que destaca en la sustancia los principios del *kaula* tántrico y la doctrina de la «trascendencia destructiva». El racionalismo y humanismo de impronta individualista han destruido incluso aquellas organizaciones del mundo contemporáneo que nominalmente tenían todavía un carácter sagrado. El restablecimiento de la Tradición en sus proporciones reales, según la vía del gradual mejoramiento de las condiciones existentes, es imposible. Es más, cualquier apelación a la evolución y la gradualidad no hacen otra cosa que allanar el camino a la expansión del liberalismo. En consecuencia, la lección de Evola para los nacional-bolcheviques consiste en incrementar aquellos elementos directamente conectados con la «Vía de la mano izquierda», en la realización espiritual traumática, en la concreta experiencia de transformación y revolución, más allá de los usos y costumbres que han perdido toda justificación de orden sagrado.

Los nacional-bolcheviques entiende lo «irracional» no solamente como lo «no racional», sino como una «activa y agresiva destrucción de lo racional», como lucha contra la «conciencia cotidiana» (y contra el «comportamiento cotidiano»), como una inmersión en el elemento de la «nueva vida» — aquella particular existencia mágica del «hombre diferenciado» que ha rechazado toda prohibición y norma exterior.

6.7. Tercera Roma - Tercer Reich - Tercera Internacional

Dos únicas variantes teóricas de los «enemigos de la sociedad abierta» fueron capaces de derrotar temporalmente al liberalismo: el comunismo soviético (y chino) y el fascismo centroeuropeo. Entre estos extremos se colocan los nacional-bolcheviques — exponentes de una ocasión histórica única que no triunfó porque sus clarividentes defensores se vieron obligados a actuar en los márgenes del fascismo y el comunismo, y condenados a asistir a la caída de sus esfuerzos ideológicos y políticos a favor de una integración.

En el nacionalsocialismo alemán prevaleció la nefasta y fallida línea política católico-bávara de Hitler; mientras, los soviéticos, rechazaron proclamar abiertamente las motivaciones místicas subyacentes en la ideología, desangrando espiritualmente y castrando intelectualmente al bolchevismo.

El primero en caer fue el fascismo, entonces siguió el turno a la última ciudadela antiliberal, la Unión Soviética. A primera vista, se sella la clausura del enfrentamiento geopolítico con Mammón, el demonio de Occidente, «el ángel cosmopolita del Capital». Pero, al mismo tiempo, se establece de forma clara y sin paliativos la verdad metafísica del nacional-bolchevismo, pero también la absoluta justicia histórica de sus primeros representantes. El solo discurso político de los años 20-30 que había conservado su actualidad es aquel que se encuentra en los textos de los eurasianistas rusos y de los revolucionarios-conservadores de «izquierda» alemanes. El nacional-bolchevismo es el último reducto de los enemigos de la «sociedad abierta» — a menos que éstos no quieran persistir en sus doctrinas superadas, históricamente inadecuadas y totalmente ineficaces. Si la «extrema izquierda» rechaza ser el apéndice venial y oportunista de la socialdemocracia, si la «extrema derecha» no quiere ser usada como terreno de reclutamiento, como facción extremista del aparato represivo del sistema liberal, si los hombres poseedores del sentimiento religioso no encuentran satisfacción en sus sucedáneos moralistas ofrecidos a través de los sacerdotes de cultos imbéciles y de un neoespiritualismo primitivo, solamente les queda una única vía — el nacional-bolchevismo.

Más allá de «derecha» e «izquierda» hay una sola e indivisible Revolución, en la tríada dialéctica «Tercera Roma - Tercer Reich - Tercera Internacional».

El reino del nacional-bolchevismo, el *Regnum*, el Imperio del Fin — he aquí el cumplimiento perfecto de la más grande Revolución de la historia, al mismo tiempo continental y universal. Es el retorno de los ángeles, la resurrección de los héroes, la insurrección del corazón contra la dictadura de la razón.

EL NACIONAL-BOLCHEVISMO

7

Eurasia ya se está construyendo

En la vigilia de la visita del presidente de los Estados Unidos a Rusia, en la escena internacional se ha verificado un importante acontecimiento, ampliamente descuidado en la cumbre intercontinental. La mayor parte de los medios de comunicación han otorgado un mínimo espacio a la noticia de la conversión del sistema de coordinación existente en el ámbito del Acuerdo sobre la Seguridad Colectiva de la CSI en una organización internacional regional, la Organización del Acuerdo sobre la Seguridad Colectiva. En realidad, se trata de un paso cuyo valor puede ser difícilmente subestimado. Pero, por muy extraño que pueda parecer, a la celebración del acontecimiento no ha sucedido la publicación de ningún material analítico serio en la prensa rusa.

¿Cuál es el aspecto geopolítico de la cuestión? Para poder valorar con la debida claridad el significado de esta resolución es necesario emplear alguna palabra respecto a las soluciones precedentes en torno a esta cuestión.

Sobre el plano geopolítico, con el fin de los años 80 se ha iniciado la deconstrucción gradual del potencial estratégico del polo terrestre, del espacio estratégico eurasiático, en su tiempo fijado en los Acuerdos de Varsovia. Si en un sentido ideológico el Acuerdo de

Varsovia era concebido como la unión de países caracterizados por una economía socialista y una filosofía marxista, desde una visión geopolítica se trataba del continente formal de una construcción continental, terrestre, opuesta al Atlantismo, en aquellos tiempos identificado con los países de tipo capitalista. A menudo percibimos que este modelo ideológico asume plenamente la herencia de la disposición geopolítica de las fuerzas precedentes, pre-revolucionarias, en la medida que no se trataba del contraste entre ámbitos ideológicos sino entre zonas de influencia de los principales estados europeos. Antes de la Unión Soviética la misma función estratégica eurasiática estaba orientada hacia la Rusia Imperial.

La Unión Soviética rompió totalmente con los propios vínculos ideológicos del pasado, con el zarismo, pero geopolíticamente no sucedió prácticamente nada, ni heredó la misma función estratégica. Las leyes de la geopolítica se demostraron más importantes que las leyes de la filosofía.

La crisis del marxismo en la Unión Soviética y en los países de la Europa Oriental llevó en sí la disolución del Acuerdo de Varsovia. Pero en lo que respecta a los países de la OTAN, que aglutinaban a todas las sociedades y economías capitalistas, no hubo una respuesta simétrica. Por lo demás, el espacio estratégico ahora libre fue ocupado poco a poco por la influencia atlantista: los países de la Europa Oriental comenzaron a competir para conseguir el estatus de miembro de la OTAN. Geopolíticamente esto significaba tomar distancias respecto al eurasianismo y entrar en la órbita del Atlantismo. No podía ser de otra manera, dado que los sistemas geopolíticos están conectados entre ellos como vasos comunicantes: el decrecimiento del eurasianismo corresponde al crecimiento del Atlantismo y viceversa.

La fase sucesiva, con la autoliquidación, llevó a la disolución de la propia Unión Soviética. Política e ideológicamente esto ocurrió de forma bastante radical, pero sobre el plano estratégico una acción igualmente drástica era simplemente imposible. Por ese motivo, el sistema integrado por los cuarteles generales de los países de la CSI (Comunidad de los Estados Independientes) fue conservada como herencia estratégica, como centro de coordinación de la dirección común de las fuerzas armadas de los países de nueva formación. Fundamentalmente, al igual que la CSI, esta estructura militar estuvo pensada inicialmente como un instrumento de «gradual y civil divorcio».

Sin embargo, con el paso del tiempo este factor estratégico, al igual que las no menos definidas razones de orden económico, aduanero e incluso político, han estado informadas en la geopolítica. De modo que el resultado evidente es que la unidad estratégica de las potencias eurasiáticas — las cuales son, sin ningún género de dudas, los miembros de la CSI — es mucho más profunda que la forma política exterior de la historia del periodo soviético o del imperio ruso.

Los pueblos y las élites políticas y económicas de las repúblicas, en un tiempo hermanadas, han comenzado a ver la comunidad de intereses como comunidad de destino (*Gasprinskij*). Así, en lugar del instrumento para un «divorcio civil», la CSI ha comenzado, de forma gradual, a ser vista como algo diferente: como una fase de un nuevo proceso, el proceso de la integración eurasiática. En este punto hay que dar el mérito al presidente de Kazajistán, Nursultan Nazarbaev, que fue el primero en empezar a hablar de una «Unión Euroasiática». Entre otras cosas, en 1994 un proyecto análogo, diferente solo por la denominación, fue presentado también al Presidente de Uzbekistán, Islam Karimov, el cual asumió más tarde, sin embargo, una actitud recelosa respecto a la iniciativa de Nazarbaev, y comenzó a criticar el eurasianismo. Pero lo importante no es el nombre, sino la esencia del fenómeno: la conciencia geopolítica de los dirigentes de los países CSI en un cierto momento — hacia mediados de los años 90 — bajo la presión del curso objetivo de los desarrollos mundiales, comenzó a dirigir una creciente atención hacia la necesidad de detener el proceso de disolución estratégica del espacio eurasiático.

Durante los años de la presidencia de Yeltsin la iniciativa por una nueva oleada de integración estratégica eurasiática no recibió ningún apoyo particular en la Federación Rusa. El Kremlin no se opuso abiertamente, pero la contempló con frialdad. Por un lado, contribuyó a ello el mito económico, activamente difundido por los «jóvenes reformistas», que decía que cualquier género de acercamiento de Rusia a los países de la CSI no era económicamente viable; por otro lado, el frenético alineamiento sobre posiciones de Occidente generó un sentimiento de escepticismo e irritación frente a las repúblicas que un tiempo estuvieron hermanas. Nacionalismo y occidentalismo fueron de la mano sobre este punto. Además, la fiebre del anticomunismo hizo que cualquier iniciativa de integración se identificará con el «retorno de los comunistas».

Solo al final de la época de Yeltsin, y especialmente con el ascenso al poder de Vladimir Putin, la posición del problema cambió. Gracias a una sólida formación geopolítica, sometida a la prueba de la práctica, el nuevo presidente no podía cultivar por inercia los mitos irresponsables y efímeros. Paso a paso, en la Federación Rusa el pensamiento estratégico y la visión geopolítica del mundo fueron devueltos a la vida. Con Putin comenzó el tránsito del «divorcio civil» a la «nueva integración».

Ulteriormente, se dieron importantes y precisos pasos. El primero: vincular a una «unión aduanera» a cinco países de la CSI — Rusia, Bielorrusia, Kazajistán, Kirguistán y Tayikistán. Sabemos que la historia de la realización de una unión aduanera es el primer paso hacia una posterior integración política. El primer teórico de la unión aduanera (*Zollverein*) fue Friedrich List, el economista alemán promotor del concepto de integración de los estados alemanes, que fue llevada brillantemente a la práctica tras ser formulada. Un modelo análogo tuvo lugar con la institución de la Unión Europea, que tuvo su comienzo con medidas de integración económica.

Después del desarrollo de la unión aduanera, el paso sucesivo de la integración económica fue la construcción del EvraAzES: la Asociación Económica Eurasiática fue un paso ulterior sobre la vía de la realización de una consecuente «Unión Eurasiática», que extiende el modelo de la integración aduanera al nivel de una más vasta alianza económica. Desde un punto de vista geopolítico ésta ha mostrado la voluntad de renacimiento del polo eurasiático, la lucha contra la cual es un objetivo prioritario para los atlantistas como Zbigniew Brzeszinski, que describe en su libro *El gran tablero de ajedrez* el escenario posterior a la disolución de los países del CSI, y en particular de Rusia, como el escenario óptimo (para Occidente, y más concretamente para Estados Unidos). La élite política de los países del CSI, toman conciencia de la necesidad de una nueva integración, y han encontrado en Putin un punto de apoyo y un centro geopolítico.

Sin embargo, las dinámicas y las paradojas de la coyuntura política internacional, el proceso de integración eurasiática en los últimos años está tomando velocidad gradualmente. Y la clave necesaria es la decisión de la creación de la Organización del Acuerdo sobre la Seguridad Colectiva.

La unidad a nivel económico ha dejado lugar a aquella a nivel militar y estratégico. Declarando la propia disponibilidad ante la construcción de una economía euroasiática integrada en la forma de la EvrAzES — a la cual se han adherido recientemente Kiev o Kishinev, aunque a título de observadores — los jefes de Estado encaminados sobre la vía de una nueva integración eurasiática han completado el paso de la declaración de la propia voluntad de crear un sistema de seguridad común. Sin embargo, es necesario subrayar la fundamental diferencia entre esta nueva «organización intra-regional» respecto a los precedentes sistemas de coordinación entre las fuerzas armadas de los países miembros de la CSI: en realidad, los instrumentos administrativos existente por pura inercia y concebidos para una separación gradual y «suave» ven ahora cambiar radicalmente el propio significado. De ahora en adelante nos encontramos con una época de nueva toma de conciencia estratégica, de fines, amenazas y retos comunes, lo que transforma a los participantes de la EvraAzES en los elementos de un espacio estratégico eurasiático unido, nuevamente organizado en unidad geopolítica.

Ciertamente, la actual forma de la Organización del Acuerdo sobre la Seguridad Colectiva no puede sostener la comparación, no solamente con el Acuerdo de Varsovia, sino que tampoco con las Fuerzas Armadas de la Unión Soviética. Sin embargo, la línea geopolítica de esta empresa es extremadamente importante. Los esfuerzos organizados y constantes estarán orientados a menudo en esta dirección, el estatus estratégico de Eurasia podrá crecer en una medida sustancial. Cierto, no debemos pecar de excesivo optimismo: el potencial militar agregado de los países del Acuerdo es absolutamente inadecuado para la competición con la poderosa OTAN. Pero, por lo demás, no es esta la función que ésta se impone. Aquello que importa es, simplemente, consolidar en pasos concretos la voluntad geopolítica del futuro renacimiento, expresar la determinación de reforzar y defender la propia soberanía estratégica. Y esto ya es, en sí mismo, muy importante.

Una última observación. Está en la agenda la cuestión de un sistema común de «Seguridad euroasiática». Este tema extralimita ampliamente el actual «Acuerdo» y la dimensión del complejo de los países del CSI. En las actuales condiciones planetarias, Seguridad euroasiática presupone, en el caso de Rusia, un sistema flexible de alianzas y acuerdos con las fuerzas más diversas, tanto de Occidente como de Oriente. La Unión Europea y Japón pueden ser considerados los límites continentales de la integración estratégica de Eurasia. Los países asiáticos — Irán, India y China — entran ya por la naturaleza y la categoría de los derechos asociados.

Y la ampliación del número de participantes en la Organización del Acuerdo sobre la Seguridad Colectiva, en otros países específicos del CSI, y algunos países del Este europeo o en Mongolia, representa, en general, una cuestión urgente.

Nadie quiere afirmar que la integración euroasiática sea algo simple y fácil. Crear o construir es siempre más difícil que arruinar o destruir. Y, sin embargo, es necesario admitir que todas las variantes estratégicas precedentes en la geopolítica eurasiática, a pesar de los muchos méritos, tienen un enorme defecto: han fracasado, se han demostrado efímeras, no han estado a la altura del cometido histórico, con una fiable integración geopolítica del continente. Esto aparece con mayor evidencia en la limitación de la filosofía soviética y en la inadecuación geopolítica y dimensional del bloque eurasiático en sus precedentes configuraciones; algunos geopolíticos europeos (en particular Jean Thiriart y Jordi Von Lochhausen) previeron hace mucho tiempo el destino del Acuerdo de Varsovia, en sus límites de aquel momento, cuando fue sellado.

La única vía de salvación para la Unión Soviética (y anteriormente para el Imperio Ruso) sería la neutralización de Europa (y de Japón) y el desarrollo de una vía hacia los mares cálidos del Sur: solo en tal caso el polo Atlántico habría sido, en un modo u otro, ganado. Pero cuenta con el impedimento de la filosofía, ya sea esta marxista; en el caso de la Unión Soviética, o colonial-zarista, en el caso del Imperio Ruso. Y en un cierto momento habría sido necesario sacrificar o la superestructura ideológica o aquella geopolítica. Desgraciadamente, en el siglo XX, la élite política rusa (soviética) no quiso sacrificar su propia filosofía. Hemos pagado un precio por ello. Pero no tenemos derecho a repetir los mismos errores.

- *Rossiiskaja Gazeta*, 4 de julio del 2002,
número 120 (2988)

EURASIA YA SE ESTÁ CONSTRUYENDO

8

Financiarismo

8.1. En qué sistema de coordenadas analizar el fenómeno del «financiarismo»

¿EL CAPITALISMO FINANCIERO representa una variante casual de la sustancia común del desarrollo del sistema capitalista?¿O es la extrema encarnación de toda su lógica, su triunfo? La respuesta a estas preguntas no se encuentran en los clásicos del pensamiento económico, dado que su horizonte estaba limitado a la fase industrial del desarrollo, la tendencia general y la significación de sentido económico sobre la cual ellos (sobre todo los marxistas) indagaron de modo correcto y completo. La sociedad postindustrial constituye, en muchos aspectos, una realidad oscura. En su estudio no existen clásicos reconocidos, si bien muchos autores han lanzado una mirada muy profunda sobre este fenómeno. Entonces, comprender el «financiarismo» nos toca justamente a nosotros, aunque no nos guste.

Finalmente, para disponerse a un adecuado estudio de este tema, es necesario lanzar una mirada sobre la historia del paradigma económico, ponernos en el lugar del «financiarismo», y no solamente desde el punto de vista de la cronología cuantitativa, sino desde la perspectiva de la relevancia cualitativa de este fenómeno en el contexto general del desarrollo de los modelos económicos.

Pero ya aquí, en la primera fase de planteamiento del problema, nos debatimos en una incertidumbre que erosiona el cuadro de análisis. ¿Existe realmente una única historia de la economía? ¿Tal historia ha existido en dos o tres versiones alternativas? Esta historia de la economía es reconocida así desde la posición liberal. (el capitalismo es la expresión del moderno y más progresivo paradigma de la economía), como desde la perspectiva marxista (el socialismo y la superación del capitalismo son el moderno y más progresivo paradigma de la economía). Hay todavía una tercera orientación (la «heterodoxia económica»), la cual no rechazaba en absoluto valorar el paradigma económico en función de esta simple fórmula (progresiva - no progresiva) como los economistas clásicos. Pero esta escuela económica de la «Tercera Vía» (respecto a la cual he expuesto una relación en el cuadro de la «Colección Económico-Filosófica»), pese a la presencia de economistas y filósofos de alto rango y entidad, permanece como marginal.

8.2. Valoración problemática del financiarismo desde la perspectiva marxista

Los acontecimientos de los últimos diez años han demostrado un claro éxito de la línea histórica de la economía liberal. Es justo en el marco del pensamiento económico y filosófico liberal donde han nacido las primeras teorías de la sociedad postindustrial. El pensamiento socialista ha permanecido enteramente entre los márgenes del paradigma industrial, y el drama del colapso del sistema soviético introduce en la historia de esta disputa conceptual acentos inequívocos.

El sistema liberal ha sabido

- evitar las revoluciones socialistas

- disolver al proletariado

- prevenir su consolidación a través de un partido revolucionario activo a escala mundial.

- vencer la guerra ideológica en el campo socialista.

Bajo estos aspectos, el modelo liberal ha llegado a superar la amenaza del marxismo.

Además de una posición de ventaja táctica, aquí no tenemos nada que hacer con una importantísima conclusión conceptual. Reconozco que, para un grupo de determinadas concepciones del mundo, esta conclusión será difícilmente aceptada, que el pensamiento mismo de tal generalización a algunos les parecerá ofensivo. Sin embargo, una gran cantidad de factores nos acercan al pensamiento, en el que justamente el paradigma liberal — especialmente el capitalismo consecuente — constituye el paradigma económico que encarna en sí el espíritu mismo del mundo moderno. El liberal-capitalismo se ha revelado como el más actual régimen económico, más que el socialismo (y que los otros modelos económicos de la «Tercera Vía»).

Pero si es así, entonces los sistemas socialistas deben ser descifrados a posteriori no como menos adecuados, ostentando sin embargo el moderno paradigma de la economía. Es todo mucho más complejo: la orientación anticapitalista y la premisa filosófica, subyacente en el fundamento mismo del modelo económico del socialismo, se hace visible como una suerte de tendencias antimodernas relacionadas con la economía, y no sólo con ésta. No se trata de un callejón sin salida, sino del último combate (ocultado y expresado bajo formas exteriores bajo la «modernidad») del paradigma antimoderno de una visión del mundo, que se expresa en la teoría y en la praxis económica.

Hoy la posición socialista vale menos que el dos de picas: no basta (no solo), con que las previsiones de Marx sobre la transición del Occidente industrializado al socialismo se hayan realizado en Oriente en el modo agrario-asiático de producción, sino que es necesario combatir un último argumento — el hecho de la existencia del marxismo (y del marxismo victorioso, realizado, ya sea en la versión voluntarista o blanquista-leninista) en vastos espacios del planeta.

¿Cómo es posible prever que el propio socialismo constituya un fenómeno más «progresivo» que aquel significado que el mismo curso de la historia mundial (la mal reputada necesidad histórica) le ha otorgado? No es posible. Se evidencia cada vez más este hecho, que el socialismo constituye el resultado de un objetivo de la historia, pero precisamente la insurrección contra este curso objetivo, fruto de una insurrección heroica y de un acto de heroísmo psicológico y moral, en el cual la máxima tensión ha reunido en un abrazo a la élite revolucionaria y a la masa de la nación. La especificidad geográfica y cultural de los países donde el socialismo ha vencido no surge en este contexto como una mera casualidad, sino como un factor importante, aunque no resuelto. La geopolítica corrige la economía política (véase A. Duguin, *El paradigma del fin*, cit.)

El socialismo venció en los países de Oriente, sobre el plano cultural, histórico, étnico y religioso adversario de las orientaciones y prioridades occidentales. El mesianismo escatológico eurasianista ruso (y hebraico heterodoxo) de los comisarios se reveló como un argumento muy poderoso, más que las refinadas abstracciones de la economía política. El universalismo marxista tampoco se demostró válido. Y el marxismo como medio lingüístico y conceptual acabó destruido con el Imperio ruso-soviético.

El intento de descifrar hoy el fenómeno del «financiarismo» desde una perspectiva marxista ortodoxa permanece como algo claramente infructuoso, porque la ortodoxia misma ha sido destruida en los tiempos actuales. A ésta se le presenta antes la función de superar retos más serios: una no contradictoria explicación marxista de las paradojas del siglo XX, y especialmente del destino trágico del socialismo en su último decenio. Solamente después de esto sería posible moverse más allá. Pero el marxismo, habiendo superado tal función, ¿todavía sería en todo y por todo el marxismo ortodoxo anterior? Es difícil.

Así, el liberalismo tiene todas las bases para analizar el «financiarismo» en función de su perspectiva particular. El movimiento hacia una economía puramente financiera será, en este caso, un estadio más moderno y más «progresivo». En la medida en la cual el capita-

lismo mismo es moderno y «progresivo», igualmente «progresivo» y
«moderno» es el financiarismo.

8.3. «Dominio real del Capital»

El liberalismo ha asimilado de la visión del mundo socialista (e
incluso del marxismo) aquello que desde el punto de vista paradig-
mático no ha contradicho los fundamentos de la lógica capitalista,
y ha destruido las formas permanentes — en efecto, rigurosamente
alternativas — al término de una guerra ideológica, económica y
geopolítica.

La fase de desarrollo postindustrial del capitalismo, cuando,
justamente, ha transitado hacia el estadio de la economía puramente
financiera, ha coincidido con la globalización y la absolutización del
mismo paradigma liberal. El financiarismo es un módulo del estadio
de desarrollo del paradigma capitalista. Y además es un módulo
vinculado a la transformación de este paradigma en algo que no
tiene alternativas. El financiarismo es un límite lógico, hacia el cual
es atraído el desarrollo más autosuficiente del Capital.

Marx (en el VI libro inédito del *Capital*) describió esto como el
ciclo posible del «dominio real del capital», que sobreviene si en la fase
precedente de su «dominio formal» el sujeto proletario alternativo,
revolucionario, no venció la batalla. Este tema marxiano de la no
predeterminación, respecto al éxito final de la batalla mundial entre
Trabajo y Capital, era temido como el fuego del marxismo ortodoxo
(véase Jean-Marc Vivenza, «Del dominio formal del Capital a su
dominio real», en *Elementy*, número 7).

Así, surge la idea de colocar el «financiarismo» en la zona escatológica de la historia económica del desarrollo capitalista. Tal enfoque
será perfectamente correcto desde el punto de vista de la principal
tendencia del desarrollo capitalista, que consiste en el progreso de
la alienación. Al comienzo de la alienación de los resultados del
trabajo de los productores, a continuación de la alienación de la
plusvalía, y seguidamente de la alienación de la totalidad de la esfera
de la producción en el sistema del crédito bancario, y finalmente

en la traducción de la totalidad de la economía en el *modus* de la especulación financiaria virtual.

8.4. Liberalismo como alienación, «progreso» como decadencia

El financiarismo corona la lógica del capitalismo y representa en sí mismo el último (supremo) estadio de alienación.

Justo en tal proceso de total alienación se muestra claramente el curso natural del desarrollo histórico en la perspectiva de la sociedad tradicional. Pero en la Tradición surge constantemente el tema de los héroes, de los profetas y de los salvadores, que resisten contra la entropía histórica, contra la gravitación de lo existente. (como análogo a tal insurgencia «pre-escatológica» puede ser relatado con pleno derecho por Marx y su doctrina). Pero tarde o temprano también esta iniciativa cae bajo el molinillo del Destino, y las condiciones apocalípticas se agravan

Este punto de vista tradicionalista presenta «progreso», «curso natural del tiempo», y «modernidad» como destino y mal, como caída inercial de una masa pesada, como consecuente enfriamiento del Ser. Para los tradicionalistas la historia es alienación.

La historia de la civilización es vista como alienación en Rousseau (el *bon sauvage* corrompido por la sociedad), en Hegel («alienación de la Idea Absoluta») y en Marx («alejamiento del comunismo primitivo»).

La dirección afortunada («democracia recta» en Rousseau, «Estado prusiano» en Hegel o «Revolución Mundial» en Marx) tiene lugar justamente en la inercia de la historia. Así, el «fin del mundo» (según los cristianos — en este evento ontológicamente afirmativo) viene después de la época del Anticristo. Y la venida del Anticristo se reconoce como la señal exacta de la próxima Segunda Venida. Pero esto, naturalmente, no significa que la noticia cierta del advenimiento de la Segunda Venida se difunda al mismo «príncipe de este mundo». En el máximo de alienación hay solamente una cosa positiva; que, una vez llegado al límite, este proceso mortal habrá sido extirpado de la mano derecha que castiga al principio trascendental.

8.5. Economía financiaria y dialéctica del mal

El liberalismo es la natural tendencia del desarrollo de la filosofía de la economía, permanece completamente autónoma, separada de las otras estructuras sociales de valor en su encarnación cualitativamente moderna. El financiarismo representa en sí mismo la culminación en el desarrollo de la economía moderna. O sea — la constancia del *status quo.*

Otra cuestión es cómo valoramos nosotros el «financiarismo» y, más en general, la línea de desarrollo económico «liberal-capitalista» en su complejidad. Si el «financiarismo» («dominio real del capital») se muestra ante nosotros con tintes oscuros, entonces nosotros (consciente o inconscientemente) nos encontramos sobre la plataforma alternativa al espíritu de la actualidad. Y esto no se oculta detrás de frases sobre el «progreso». Para nosotros no cumple con el curso natural de la historia (comprendida aquella económica), ya que consideramos inmoral la entropía histórica y debemos oponernos a ella. En tal caso, es necesario dirigirnos — de forma voluntarista, desde la perspectiva leninista — no solo a todo aquel arsenal de puntos de vista «no financiarios» sobre la economía, sino a todos los modelos económicos no modernos, anti-modernos, fundados sobre el heroísmo (según el término de Werner Sombart) impulsando a la superación del curso maléfico del mundo contemporáneo.

El «financiarismo» no es un problema mecánico de una desviación cualquiera del paradigma económico del capitalismo, sino una etapa normal de su desarrollo — aquel que se corresponde a su triunfo a nivel mundial.

Lamentarse del hecho de que los volúmenes de la especulación financiaria en las bolsas mundiales superan cada vez más los balances de los países desarrollados, o que la transferencia ficticia de capitales a través de los ordenadores de la red bursátil obstaculiza el desarrollo de los sectores productivos reales, desviando las inversiones hacia las esferas de la economía ficticia, es estúpido e irresponsable. La alienación de la finanza de la esfera productiva y la virtualización de la sustancia económica son el acuerdo normal y final del desarrollo capitalista.

8.6. El indemostrable imperativo de la revolución

Podemos estar totalmente de acuerdo con aquellos pronósticos más extremos y catastrofistas que se han hecho a propósito de tales tendencias éticas de análisis imparciales. Efectivamente, el crecimiento de la economía virtual en detrimento del sector real de la producción es el presagio de una catástrofe económica. El elemento de información de las sociedades postmodernas aspira a sustituir definitivamente a la realidad, reemplazandola con la ilusión de su impetuoso sistema operativo. Y en un cierto momento esto será fatal.

Pero ésta, según la óptica de las sociedades tradicionales (y de las restantes doctrinas no liberales, antiliberales), es la lógica absoluta de cualquier proceso inmanente, en el cual no intervengan (¿no pueden o no quieren intervenir?) principios trascendentes. El capital (como máxima alienación, como total reducción al principio material cuantitativo) ha aspirado desde hace mucho tiempo a ser sujeto único de la historia humana. En el «financiarismo» esto ya ha llegado. En la representación ha vencido con mucha mayor facilidad que en su original. La economía ficticia virtual somete a explotación el mismo principio de realidad — así como somete a explotación las realidades de la economía y su ontología (si bien esta ontología no puede ser independiente, ya que de la necesidad deriva de la forma más general de la super-economía metafísica y social).

La antítesis del «financiarismo» (incluso teorética) no puede ser manifestada en las precedentes fases del desarrollo del capitalismo.

La economía es solamente una lengua, y en esta lengua es posible formular cualquier mensaje. El modelo liberal de la economía («*economics*») es el mensaje del triunfo de la alienación y de la entropía, de la atomización del conjunto social, político, cultural e histórico. Este es el mensaje del «espíritu moderno», el mensaje del Iluminismo. Las «izquierdas» (demócratas radicales, Rousseau, socialistas y comunistas) y las «derechas» (fundamentalistas, tradicionalistas, integralistas) han descifrado desde hace tiempo la novela liberal (en los filósofos John Locke, Jeremy Bentham, John Mill y en los economistas Adam Smith y David Ricardo) como la encarnación del mal en el mundo, como la disolución de la esencia orgánica. Es este el espíritu funesto y nihilista de la modernidad, que se funda sobre el «exilio de los dioses» (M. Heidegger), sobre la «muerte y el asesinato de Dios» (F. Nietzsche) y sobre la «explotación» (K. Marx).

El «financiarismo» no es nada fundamentalmente nuevo, es el liberal-capitalismo en su forma más pura. Es la «modernidad», completamente victoriosa (vencedora) sobre su antítesis.

Por eso la disconformidad frente al «financiarismo» a escala nacional o planetaria no es posible sin una revolución global de la conciencia, sin una perfecta revisión de toda ideología antiliberal, sin la formulación de una nueva Alternativa integral, por lo demás una Alternativa no solamente frente al resultado (el mismo «financiarismo»), sino en los enfrentamientos de su causa («capitalismo», «liberalismo» y «espíritu moderno»).

Es imposible buscar una Alternativa similar en la esfera de la misma economía. Ella deberá ser trascendente respecto a la totalidad del complejo de discursos modernos, en relación a toda la «lengua de la modernidad», Y solo después de esto, cuando haya sido formado el paradigma filosófico global de la Revolución Final, aquella alternativa podrá ser revestida de una forma económica, como método pragmático de exposición de un imperativo trascendente, indudablemente indemostrable y empíricamente no evidente.

Esta es la función de los «nuevos profetas», de los «nuevos salvadores», de los «nuevos héroes».

Financiarismo

El antifinanciarismo es solamente el nivel superficial de la más profunda y radical lucha contra el capitalismo y el liberalismo, la exigencia de la cual deriva no sólo en intereses pragmáticos, sino a la profundidad de la dignidad especial del sujeto humano, que renuncia incluso en el abismo del abandono de Dios a reconciliarse con el mundo desangrado, que se levanta por una ontología más elevada, por una nueva sacralidad, por la justicia y la hermandad, por la libertad y la igualdad.

9

Aspectos geopolíticos del sistema financiero mundial

9.1. Divisa mundial de reserva: la génesis

P REGUNTA: la actual moneda mundial de reserva — el dólar — ¿es el resultado de un conjunto de procesos puramente económicos? La respuesta unívoca es: no.

¿Cómo ha conseguido el dólar llegar a desempeñar tal función? Es evidente que la evolución de la economía, y en particular del sistema financiero, sostén de la economía contemporánea, es el producto de un contexto multidimensional. Ofrecemos rápidamente una reseña de las etapas del ascenso del dólar hasta alcanzar una posición de soberanía.

9.2. Las etapas del ascenso de Estados Unidos

Estados Unidos comenzó a moverse sistemáticamente hacia una posición hegemónica en el mercado mundial ya a partir de 1919. Según el belga Luc Michel («Nacionalismo económico contra la economía mundial», *Elementy*, número 4, 1993):

> «Los primeros competidores a los que fue necesario superar fueron los ingleses, cuya presencia político-económica se extendía sobre todo el planeta. Las operaciones de los americanos se sucedieron una tras otra. Las bases militares inglesas desaparecieron de las Bermudas, Jamaica, Antigua, Bahamas, Santa Lucía, y San Juan, y en su lugar aparecieron bases militares americanas.
>
> También en Islandia y Groenlandia se vio la aparición de los americanos, si bien con anterioridad estos países se encontraban bajo la esfera de la influencia inglesa. Estados Unidos concedió a Inglaterra ingentes créditos (los intereses de los cuales eran ya sumas fabulosas) consiguiendo el acceso a las esferas financieras y comerciales clave. Consolidación de la alianza política con Canadá, control sobre los capitales ingleses invertidos en empresas americanas, infiltración en Singapur, en la costa occidental de África hasta alcanzar el Golfo Pérsico (isla de Bahrein)... Los acontecimientos llegaron incluso a una inaudita interferencia en los asuntos de un estado soberano — el representante del presidente Roosevelt, Harry Hopkins, estaba presente en las sesiones reservadas del gabinete ministerial inglés.
>
> El proceso de «descolonización», estimulado por Estados Unidos, fue en realidad el inicio de la hegemonía continental americana.
>
> En 1945 los grandes vencedores de la guerra mundial fueron los Estados Unidos. El único competidor de los Estados Unidos, la Unión Soviética, había soportado una guerra que había durado cinco años sobre su propio territorio con el debilitamiento que había supuesto la pérdida de millones de vidas. Además de la evidente división del mundo entre Estados Unidos y la Unión Soviética, tuvo lugar el sometimiento de la Europa occidental a Estados

Unidos. Yalta también significó la defenestración de los aliados europeos de la escena mundial (Churchill puso de relieve justamente esto). Desde aquel momento los Estados Unidos dominaron de forma indiscutible en el mercado mundial. De modo que tenían la oportunidad de remodelar el mercado mundial a su imagen y extraer la máxima ventaja.

En 1944 todos los economistas occidentales, tanto liberales como marxistas, previeron una crisis inevitable de la industria americana, vinculada a una inevitable reestructuración de la economía con el tránsito de la guerra a la paz. Y en lugar de cumplirse estas previsiones ocurrió algo completamente opuesto. Gracias a la expansión económica de los Estados Unidos en Europa y a las enormes inversiones previstas por el Plan Marshall, los americanos salvaron sus propias posiciones, preparando para sí mismos un excelente futuro mercado de consumo.

El complejo militar-industrial, que en la lógica de los pronósticos económicos, habrían debido convertirse en un obstáculo al desarrollo económico e industrial, se convirtió, por el contrario, en el factor que garantizó el éxito. Nadie esperaba que el periodo de posguerra se acabaría orientando rápidamente hacia la guerra fría. Asumiendo la lucha contra el comunismo a nivel planetario, los Estados Unidos sustituyeron definitivamente a Inglaterra en el mundo capitalista, haciendo de su potencial militar la principal garantía de la estabilidad económica. A su vez, y gracias a la preeminencia del sector militar-industrial, Estados Unidos pudo desembarazarse definitivamente de la última crisis bursátil de 1929. El nivel de la desocupación se redujo hasta 4,5 veces en relación al periodo anterior a la guerra, y oficinas y fábricas trabajaban al 100

Ahora la mitad de los beneficios mundiales pertenecían exclusivamente a Estados Unidos. América podía imponer en el mundo un ambiente económico tal cuyo resultado ventajoso le beneficiaba a ella misma. Gracias a la guerra fría Estados Unidos no encontró ninguna dificultad de orden moral o político para remodelar la economía mundial en conformidad a sus propios esquemas».

— Dominic Barukh, *La reconversión de la producción americana.*

En 1945 Estados Unidos había alcanzado los objetivos que se había propuesto en los inicios del siglo XIX.

Cómo no recordar las palabras del senador Beveridge, heraldo del imperialismo americano a finales del siglo XIX: «El destino ha predeterminado nuestra política — el comercio mundial debe estar en nuestras manos. Nuestras naves comerciales surcan todos los océanos. Hemos creado una flota de guerra correspondiente a nuestra potencia. La ley americana, el orden americano y la civilización americana reinan sobre todas las costas, incluso aquellas más lejanas e inmersas en la oscuridad de la ignorancia y la barbarie, pero ellas permanecen prósperas y felices bajo el control de las fuerzas que Dios nos ha dado».

François Perroux, eminente economista francés, escribió: «Los representantes del liberalismo neoclásico vivieron la época de la formación de las naciones. En el cuadro de tales naciones, según su teoría, el interés económico se reducía a la máxima libertad de intercambio. La división del trabajo entre las diferentes naciones, en su opinión sería, y en teoría, la forma más eficaz de realizar la libertad de intercambio... Pero en la práctica las concepciones del liberalismo se encontraron con la realidad económica, en la cual existe ya formada la desigualdad de las estructuras, y a causa de tal desigualdad las naciones más poderosas y fuertes tratan de asegurarse por sí mismas de la máxima ventaja económica en perjuicio de todas las demás».

9.3. El contenido geopolítico del dólar a partir de 1947

Si la *geopolítica* es responsable del fenómeno de la globalización del dólar, es necesario referirse a la situación correspondiente al periodo de la «guerra fría» 1949-1991. Es en aquel periodo cuando el dólar se convierte en lo que es actualmente — la divisa de la reserva mundial.

Emergiendo como el polo *geopolítico* de Occidente, Estados Unidos ha explotado al máximo el periodo correspondiente a la «desigualdad de las estructuras». Si en la primera mitad del siglo Estados Unidos obtuvo la posición estratégica de Gran Bretaña a cambio de créditos — hay que decirlo, empleando el mecanismo financiero — en la época de la «guerra fría», en la solución de los problemas de Europa y de Japón (Asia), donde no solamente se ofreció el Plan Marshall, sino también la tutela estratégico-militar, Estados Unidos se convirtió en un polo global, con una proyección de las propias estructuras en dos terceras partes del mundo. El principal elemento conceptual de la geopolítica americana de este periodo fue la existencia misma de la Unión Soviética, del ámbito socialista.

El «enemigo común», el imperativo de defenderse de la posible «amenaza soviética», fueron los argumentos centrales en la organización de estructuras mundiales bajo el control de Estados Unidos. En esto reside también el fundamento del imperialismo del dólar: Estados Unidos asumió la función estratégica (militar) de protector en los países no-socialistas y como emisor de signos monetarios e ideológicos.

Es importante subrayar que en aquel momento el dólar empezaba a adquirir una cualidad diferente.

La abolición del patrón oro tras la crisis bursátil de 1929 hizo de la moneda nacional una función del *balance comercial concreto* — según la teoría de Keynes y el «*New Deal*» de Roosevelt. Prosperidad de los «grandes espacios económicos» («islas económicas») — en las diferentes formas del estalinismo y del nacionalsocialismo europeo a partir del convenio de Gran Bretaña en Otawa en 1932.

En este periodo la «divisa de reserva» no tenía una expresión clara, dependiendo de la coyuntura política internacional, lo que condujo a la Segunda Guerra Mundial.

Al terminar la guerra, la economía americana no retornó al modelo puramente liberal de la época de Roosevelt, ni al modelo aislacionista de Keynes. El dólar adquirió una nueva cualidad: *se convirtió en una unidad geopolítica, función de potencial estratégico e ideológico de Estados Unidos, de la función de Estados Unidos en el contexto global.*

El sistema financiero mundial, la función del dólar en cuanto a divisa mundial de reserva está indisolublemente vinculado a la concreta situación geopolítica de la segunda mitad del siglo XX. Si no se considera el matiz geopolítico, analizando únicamente los procesos económico-financieros, no se puede comprender nada en este ámbito.

9.4. Modelo trilateral y finanza

La Comisión Trilateral, fundada en 1973, se marcó como objetivo la reorganización del espacio económico mundial en grandes bloques bajo el control de Occidente y los Estados Unidos. El significado geopolítico del proyecto consistía en un aislamiento forzado de la Unión Soviética con la ayuda de la «estrategia anaconda». Para tal fin, el mundo entero se subdividía en tres áreas geoeconómicas — Estados Unidos, Europa y la región de Asia-Pacífico.

El impetuoso desarrollo económico exigía la creación de centros directivos adicionales, más allá de Estados Unidos, y que también se preparase la legitimación de nuevas estructuras de dirección global (con la exclusión de la Unión Soviética). Las tres regiones geoeconómicas designadas no contaban con la misma atribución en cuanto a su significado: en posición privilegiada se encontraba la región americana, las otras dos restantes eran auxiliares. La iniciativa de la Trilateral procedía de Rockefeller y George Franklin, entonces dirigentes del CFR.

Allí se decidió por vez primera el proceso de unificación europea y de la introducción de las divisas de Europa y Asia-Pacífico.

Las divisas auxiliares fueron llamadas a favorecer la homogeneización económica de los espacios correspondientes, integrándose en paradigmas económico-financieros que impulsasen al máximo la consolidación de la posición privilegiada de Estados Unidos, basada en la «desigualdad geopolítica de sus estructuras».

El euro y el potencial «yen de Asia-Pacífico» son esencialmente proyectos de la Comisión Trilateral. Entre otras cosas, la perestroika china puso en marcha en los años 80, junto con los contactos del gobierno chino con el representante de la Trilateral, George Bertwin, líder de la agencia europea.

El dólar como divisa mundial de reserva, provista de un conjunto de obligaciones geopolíticas asumidas por Estados Unidos y, frente a Estados Unidos, de otras potencias, se proyectaba para afianzar dos divisas de reserva macro-regional complementarias.

Se trata de un proceso gradual, todavía en curso.

9.5.   Síncope: el colapso de la Unión Soviética, el inesperado y extraordinario desafío de la unipolaridad

La Comisión Trilateral preveía un lento estrangulamiento de la Unión Soviética, con la absorción gradual de la Unión Soviética en la lógica del Atlantismo y la ágil reconversión de los sectores de la Eurasia Soviética en la zona de influencia de las tres regiones macroeconómicas.

En este sentido el futuro euro, el dólar y la hipotética divisa asiática habrían servido de instrumentos de gradual implicación de la economía de la Unión Soviética en el sistema mundial, con la liberación de las estructuras del ámbito socialista. También este proceso estuvo dirigido bajo la influencia directa de la Trilateral y sus representantes «gorbachianos» en Moscú a mediados de los años 80.

Pero en el umbral de los años 90 ocurrió lo imprevisible: *en lugar del ciclo gradual de convergencia e integración de la Unión Soviética, ésta se disolvió de forma improvisada y, unilateralmente, emprendió un activo proceso de autoliquidación.*

El rublo se devaluó, y a través de diversos medios acabó a remolque del dólar. Estados Unidos se vio directamente implicado en el sistema financiero postsoviético.

En paralelo a este proceso, se autoliquidaba rápidamente el principal elemento del mapa geopolítico del mundo de la «guerra fría», cuya misma presencia constituía el máximo elemento portador, sobre el plano conceptual y estructural, de toda la construcción geopolítica sobre la cual, entre otras cosas, se basaba el dólar.

Encontrando en el lugar del claro y previsible «adversario soviético» un «agujero negro» imprevisible, caótico, irracionalmente agresivo, no contemplado en ninguno de los graduales proyectos económico-financieros positivos, Estados Unidos se encontró inesperadamente ante una situación nueva.

Esta nueva situación geopolítica implicaba a Estados Unidos en un proceso de acelerada y extraordinaria unipolaridad. En la economía de Estados Unidos esta situación venía acompañada de un excesivo calentamiento del mercado de las altas tecnologías, en las pirámides financieras, con el acceso del sector puramente financiero en perjuicio del sector real de la economía. También el Complejo Militar-Industrial, fundamental en el sistema económico de Estados Unidos, se encontraba frente a una nueva situación, claramente distinta a la precedente.

9.6.   La nueva función de los sectores geoeconómicos

El imprevisible ritmo de liquidación y desintegración del polo geopolítico soviético (=eurasianista) creaba una nueva situación sobre el mapa geopolítico complejo del mundo y, correlativamente, conducía a un nuevo reto al sistema financiero de los Estados Unidos. Tal sistema, desde aquel momento, debería haber implicado la realización acelerada de la unipolaridad, es decir, de la globalización. Algunos de los estadios planificados precedentemente desaparecieron. Consecuentemente, surgieron una serie de principios ante la situación nueva e inesperada: el dólar se vio obligado a convertirse en una divisa mundial de reserva rápidamente y sin transiciones intermedias, Estados Unidos adquiría la hegemonía incontestable en el plano estratégico e iba madurando la exigencia de una rápida reestructuración de las instituciones internacionales — ONU — que reflejaban los equilibrios de la paz de Yalta, mientras que América era obligada precipitadamente a servirse de la «desigualdad de las estructuras».

Esta situación tuvo lugar bajo la dirección de los demócratas de la administración Clinton. El «fin de la historia» de Fukuyama había llegado demasiado rápido.

Aparecieron problemas económicos y logísticos de gran relieve.

En general: Estados Unidos no estaba preparado para asumir de un día para otro la función de globalizador unipolar. Esto quedaba claro a través de:

- la comprensión política de este mismo hecho por parte de los americanos (la victoria de Bush jr).

- la crisis de mercado sobrecalentado en los estilos de las pirámides financieras, con la caída de los indicios NASDAQ y Dow Jones.

- en la falta de preparación de los sujetos geopolíticos fundamentales, insertos en la globalización, en los nuevos tiempos y modos de los Estados Unidos.

La ausencia del polo eurasianista, la transformación de Eurasia en un «agujero negro» generaba *problemas geopolíticos no valorados desde la perspectiva de un breve periodo*.

La presencia de una oposición convencional, formal y previsible a medio término por parte de Eurasia representaba *el elemento principal de la estrategia americana en la primera mitad del siglo*

XX. Eliminado este elemento, la totalidad de la construcción se ponía en peligro.

La ausencia de una amenaza formal y limitada en Oriente cambiaba radicalmente, ya fuese el significado geopolítico de la Unión Europea, o bien la función correlativa y la misión del euro.

La Unión Europea se desarrollaba no a partir de un desencuentro con la Unión Soviética, como se había supuesto — y este argumento ha sido decisivo al dar forma al mantenimiento de la influencia americana en Europa, también desde el punto de vista de la visión financiera — sino incluso en el momento de la autoliquidación de la Unión Soviética. En consecuencia, ésta asume una función completamente diferente, revelando un potencial de sujeto geopolítico a nivel planetario. La introducción del euro adquiere un significado diferente. En principio, se trata de un desafío del dólar en cuanto a divisa mundial de reserva.

El nuevo ingreso de Europa sobre la escena de la historia está cargado de las más serias sacudidas a consecuencia de la globalización en su forma unipolar. Se impone la variante de la integración «regional o continental» o de la globalización multipolar, lo que en ambos casos va contra aquel proceso en el cual, como conducidos por una avalancha e independientemente de la propia voluntad, se encuentran envueltos hoy los Estados Unidos.

Algo análogo está sucediendo también en las regiones de Asia-Pacífico. Aquí se suma el factor China. Pero también euro y la Unión Europea, por sí solos, eran suficientes para que el dominio unipolar de los Estados Unidos se viera seriamente sacudido y, consecuentemente, el dólar resultase debilitado, así como los instrumentos financieros internacionales vinculados a éste.

En la medida en la que el dólar está vinculado a la geopolítica mundial, y no solamente a la economía estadounidense, una transformación en el cuadro de fuerzas en aquella esfera comporta, de manera automática, una transformación radical en la función del dólar. Esta moneda cambia su naturaleza y su función de divisa mundial de reserva pierde el carácter de evidencia.

Estados Unidos debe definir *ex novo* su propia función en el mundo y en relación a éste refundar sobre su nuevo mapa geopolítico la función de divisa mundial de reserva — el dólar. La extrema dificultad de tal función está fuera de discusión.

La totalidad del sistema económico de Estados Unidos está fundado sobre la redistribución global del trabajo en la condición schumpeteriana de la «desigualdad de las estructuras».

La transformación de este sistema produce por sí mismo una serie de consecuencias.

Es posible afirmar lo mismo en relación a la «nueva economía», con los sectores financieros-bursátiles sobredesarrollados. Los actores paradigmáticos reales, que han permanecido invariablemente fuera del cuadro de la *new economy*, pero que predeterminan las tendencias fundamentales de base en los mercados financieros (exteriormente representados como independientes de los factores de no-mercado, separados del fundamental cálculo económico) y que componen justamente la geopolítica y el unívoco dominio de Estados Unidos. El carácter lúdico de estas tendencias es el mito para los «proletarios de la bolsa bursátil», simples *brokers* que no son admitidos en las quintas de la finanza, donde se sientan solamente los especuladores de éxito, donde se encuentran los expertos del CFR, del Club Bildelberg y de la Trilateral — como George Soros. Es aquí donde vienen a establecerse las reglas del juego. El colapso de las bolsas y de las divisas nacionales no es una cuestión que dependa de brillantes operaciones, sino de planes detalladamente elaborados y preparados.

9.7. El intento de poner freno a la globalización: el callejón sin salida conceptual de George W. Bush.

El reforzamiento de los sectores europeo y de Asia-Pacífico, la emisión de una sólida divisa regional vinculada a la geopolítica no global, sino continental o insular (indicativo, desde este punto de vista, la nueva — cauta — referencia al keynesianismo de las modernas socialdemocracias) restringe la función de los Estados Unidos. Esta necesidad es satisfecha — al menos en parte — por la administración Bush jr. George Bush representa la tentativa de frenar la globalización. Pero esto no sirve para resolver los problemas desde la raíz — la geopolítica americana está en un estado de «sobrecalentamiento» (*overheated*), el imperio americano está en un estado de «sobretensamiento» (*overstretched*).

Estamos en un callejón sin salida conceptual: *Estados Unidos no puede detener el curso de una activa globalización unipolar, pero no está en condiciones de continuar.*

Exactamente lo mismo podemos decir por lo que respecta al dólar: *Estados Unidos no está en condiciones de mantener el dólar como divisa mundial de reserva, pero no puede rechazar esta función del dólar.*

Estamos ante una paradoja — la desaparición del enemigo (Unión Soviética) ha puesto al vencedor en una situación de desventaja. Una típica victoria de Pirro.

9.8.   El segundo advenimiento de Eurasia

El originario proyecto de la Comisión Trilateral tuvo el mismo objetivo de liquidar, de forma gradual pero inexorable, a la Unión Soviética (Rusia), desmembrándola.

Por el contrario, la Unión Soviética no se ha disuelto gradualmente, sino bruscamente, convirtiéndose en una «nada» geopolítica, que ha dado impulso (al menos potencialmente) a la existencia histórica de Europa y de Asia.

En el futuro, el destino de Rusia-Eurasia estará directamente vinculado al destino de Estados Unidos y, consecuentemente, al destino del dólar.

El colapso del «señorío» americano dará a Rusia una extraordinaria ocasión de renacimiento.

Pero esto solamente podrá conseguirse mediante la actuación a través de una estrategia geopolítica adecuada frente a Europa y Asia.

PROYECTO EURASIA

Si Rusia no tira por tierra lo que le resta de su potencial estratégico — incluido aquel logístico y nuclear — apoyando todas las
alternativas al globalismo unipolar, la historia tiene una oportunidad
de continuar, y el crack del dólar se convertirá en el crack de la gran
esclavitud geopolítica de la humanidad bajo el dólar.

- Febrero del 2001

10

Transformaciones en tiempos de encrucijada

10.1. Vuestro tiempo se ha agotado

V IVIMOS EN UN PERIODO de transformaciones fundamentales. Fin del milenio, fin del siglo y fin de una era ideológica. Todas las líneas de los confines globales nos desafían para encontrar respuestas globales y reflexiones a una mayor escala. Sin embargo, en los más restringidos círculos de nuestra vida social rusa, la habitual transformación está sucediendo. Por significado y consecuencias, será algo absolutamente comparable a la *Perestroika* y a la «democratización». Sobre el plano ideológico, la *Perestroika* fue el periodo de transición de la tardía sociedad soviética, nominalmente socialista, y el modelo liberal-democrático. El término *«post-perestroika»* ha sido utilizado para describir aquel modelo político, ideológico y cultural que hizo su aparición después de la radical ruptura con el pasado soviético y la instauración de un sistema de mercado capitalista occidental en Rusia.

La *«post-perestroika»* tuvo su comienzo después de agosto de 1991, y ha durado hasta nuestros días. 1991-1998. Esta es la época de la fase post-soviética, liberal y democrática de la moderna historia rusa. Ideológicamente, la esencia del momento actual consiste en el hecho de que la «*post-perestroika*» está dirigiéndose rápidamente hacia su término. La época del liberalismo ruso se acerca a su fin. Nos encontramos en el umbral de una realidad cultural e ideológica completamente nueva, igualmente diferente a los precedentes años de «Yeltsinismo», en la misma medida que ese periodo difería de la época soviética anterior. Ahora es posible extraer algunas conclusiones sobre la estructura de la incipiente y nueva época de la historia rusa.

Miramos hacia el futuro desde más cerca.

10.2.   La lenta transformación de las conciencias

El postulado principal de la élite rusa durante el periodo liberal fue la confianza en el hecho de que el desencuentro con Occidente era el resultado de las diferencias en los modelos sociales, económicos e ideológicos. Sobre esta base se edificó toda la estrategia de la Federación Rusa en economía, política nacional e internacional, cultura y defensa. Los dirigentes del país creían seriamente que la renuncia al *look* marxista y a la economía socialista habría creado automáticamente en Rusia un sistema equilibrado, con la activa y amistosa colaboración de Occidente. Fue un error fatal, y fue necesaria una década entera para darse cuenta de ello. A la inevitable representación de factores geopolíticos, se entiende que la Guerra Fría no expresaba sólo un duelo ideológico, sino incluso una constante histórica, independiente del grado de actualización social y política. No era otra cosa que un estadio en el curso de la «gran guerra de los continentes».

Occidente, en respuesta a la disolución del Pacto de Varsovia, valoró que un ulterior reforzamiento de la OTAN fuese la solución óptima, probablemente a falta de algo mejor. Una vez que este bloque atlántico agresivo, sediento de dominio, hubo puesto sus manos sobre todo aquello que no estaba ya bajo la influencia directa de Rusia — la élite política e intelectual rusa comenzó, poco a poco, a desembriagarse.

«*Nezavisimaja Gazeta*» fue el portavoz de este proceso, pero se encuentran fácilmente tendencias análogas en otros periódicos, aquellos mismos que en un tiempo entonaban incesantes alabanzas hacia Occidente y el liberalismo. También las fuerzas patrióticas desarrollaron una función notable, manteniendo firmes los propios principios sin renunciar a la elaboración de una terminología más moderna y adecuada, y abandonando las tesis superadas. Sin el trabajo conceptual y creativo de la oposición (por ejemplo, las publicaciones *Den, Zavtra, Sovietskaja Rossija, Elementy* etcétera), la prensa centrista e inconformista llegaría a las mismas conclusiones mucho más tarde.

También en política la oposición patriótica desarrolló una función similar, favoreciendo la comprensión de los obvios axiomas geopolíticos por parte de las autoridades. Así, hoy, es un hecho confirmado que ningún género de autoridad en el Kremlin puede ignorar las realidades geopolíticas — excepción hecha, se entiende, de los locos y los agentes bajo influencias extranjeras. No pueden ser sino críticos frente a Occidente y su bandera ideológica liberal, demostrando ser un simple parapeto para los intereses coloniales predatorios y egoístas de la civilización atlántica, que está construyendo su «nuevo orden mundial» en perjuicio de todas las demás naciones, países, culturas y tradiciones.

10.3. Revolución y evolución

La forma final del modelo post-liberal ruso puede concretarse en dos formas. La primera es a través de la vía revolucionaria. Esta presupone una ruina política (un éxito, probablemente, para las elecciones presidenciales absolutamente democráticas) a continuación de de la cual los exponentes de la oposición patriótica llegan al poder. Es un proceso extremadamente difícil y tortuoso, desde el momento en el que el levantamiento revolucionario, que garantizaría un muro de contención frente a las acciones restauradoras, no tiene visos de aparecer.

Además, las reacciones en el exterior serían igualmente negativas, ya que todos los mecanismo estructurales de influencia en el interior de la Federación Rusa se verían inmediatamente puestos en función, con el fin de activar un proceso separatista de consecuencias catastróficas. La oposición — desacostumbrada a gestionar las levas del poder, privada de un verdadero programa cultural e ideológico, de estructuras mediáticas, de proyectos de futuro etcétera — difícilmente estará en condiciones de afrontar la trascendental función, prácticamente insoluble, de dar el empujón definitivo al proceso destructivo, especialmente en ausencia de cualquier apoyo desde el exterior.

Igualmente, es evidente que los dirigentes patrióticos, una vez obtenido el poder supremo en el país, con el objetivo de mantenerlo, estarían obligados a repetir los mismos pasos y las mismas promesas verbales que, con tanta generosidad (pero siempre con una menor honestidad), vienen hechas por las actuales autoridades. Claramente, no existen los presupuestos para una movilización de resistencia total, por la autarquía y por una nueva fase de «guerra fría». Es paradójico, pero si las fuerzas de la oposición patriótica debieran vencer, la posición geopolítica real de Rusia no sólo no mejoraría, sino que probablemente empeoraría. Y únicamente, con el fin de mantener el *status quo*, sus dirigentes deberían hacer iguales concesiones a Occidente (si no mayores) que aquellas que hacen hoy las autoridades. Pero la época liberal en Rusia está destinada a un fin próximo, y los acontecimientos objetivos y la misma lógica hacen considerar este éxito como el más probable.

Otra vía es aquella evolutiva. Ésta presupone el desplazamiento gradual e indoloro de la élite política rusa sobre posiciones eurasianistas. Un desplazamiento similar no vendría acompañado por eslóganes radicales o declaraciones de una «nueva política». Al contrario, las autoridades — activa y universalmente — harían el doble juego en el exterior acabando por confirmar la adhesión a los «valores democráticos», pero en el interior del país acabarían restaurando las bases para una autarquía global (en la esfera económica, cultural y social) — siguiendo, de este modo, los ejemplos de Alemania y Japón después de la segunda guerra mundial. Podría tratarse de una especie de «capitalismo eurasiático», no muy diferente, en base a criterios geopolíticos, de un socialismo limitado con una potente base patriótica. Este proceso ya está desarrollándose, y está conectado precisamente con la administración actual y con la persona de Boris Yeltsin, que permanece fiel a sí mismo en toda clase de situaciones. Advierte perfectamente que el signo ideológico ha cambiado, y puede usarlo eficazmente para mantener o acrecentar el control del poder.

Pero no es solamente Boris Yeltsin en persona quien se encuentra asociado a esta vía evolutiva. Cualquier otro aspirante efectivo a la presidencia deberá perseguir la misma política, se llame Luzhkov, Cernomiyrdin o Nemtsov.

10.4. El general loco, última esperanza de Occidente

Solo hay una cosa que podría detener el inevitable advenimiento de una nueva era post-liberal, y es la irrupción de un factor evidente, caótico, catastrófico y capaz de transformar la evolución lógica de la realidad política rusa. Ésta amenaza tiene ahora un rostro y un nombre. Detrás de un hermoso apellido, el monstruo histórico permanece oculto, en un cierto sentido comparable a las fases más desastrosas de la época de Gorbachov y Yeltsin. El «general», salido del infierno, lleva consigo una imprevisibilidad tal, tal carácter no humano, junto con un impulso químicamente activo, que en ciertas situaciones podría ser conducido al poder, por parte de algunos círculos no interesados por el movimiento, revolucionario o evolutivo, de Rusia en relación a una posición eurasianista. La población fluye hacia un estado de distracción, de aturdimiento y extravío. Es un estado natural después de las rápidas transformaciones, una tras otra, de las concepciones del mundo. Es perfectamente posible que las fuerzas más negativas, de clara impronta atlantista, utilicen toda esta confusión nacional, con tenacidad y enormes recursos financieros, para promover a una sola persona capaz de conducir a este desafortunado país a una tercera fase de la pesadilla.

Solo este individuo fatal puede detener el colapso del liberalismo en Rusia — desafortunadamente, los analistas de Occidente y sus secuaces fanáticos en Rusia lo comprenden perfectamente.

10.5.   Aquello que todavía no es Estado

La época post-liberal en Rusia está llegando claramente. Aparte de que la única (y todavía menos probable) variante, todos los modelos de desarrollo político nos conducen a lo largo de un proceso gradual de renacimiento euroasiático, a la normalización del curso histórico, a la comprensión de la necesidad de que Rusia persiga una justa y única vía cultural geopolítica, social y económica. Nos encontramos viviendo en un punto de encrucijada.

Las autoridades y representantes de la cultura están maduros para dar paso hacia una política patriótica. Este proceso ha comenzado en las modalidades más arbitrarias, y nos relaciona más con el espíritu de humillación, corrupción y dinero sucio, antes que con un diálogo constructivo. Pero aquel tiempo se ha agotado. Aquellos que se abalanzan a buena mañana sobre el pastel, de modo que éste acaba desapareciendo en un instante. Y entonces, la actual élite política rusa necesita de construcciones originales, no conformistas, creativas, de mitos, de nuevos modelos interpretativos, ideológicos y culturales. Incluso las autoridades que vendrán tras la revolución política patriótica tendrán necesidad de todas estas cosas. No podrá tratarse de un puro retorno al pasado, de una mera restauración. No es posible que esto suceda.

Nada de cuanto pertenece a las épocas ideológicas pasadas, soviética o liberal, podrá volver a ser aplicado sin una enérgica revisión, reinterpretación y confrontado con las realidades de la moderna situación histórica y geopolítica mundial. Deberemos encontrar nuevos nombres y definiciones para cada cosa, nuevos conceptos y mitologemas. Está claro que nadie está en condiciones de inventar algo de la nada. Hablamos de retorno a los valores tradicionales, a las eternas constantes eurasiáticas, y también de las más recientes tecnologías y sistemas que se desarrollan en todo el mundo — pero todo esto debe ser reinterpretado, aplazado y revisado críticamente. Es esto aquello que la época y la historia exigen de nosotros — no un nuevo contrato social y cultural. Estamos a las puertas de la era post-liberal. ¿Qué será? Será aquello que no ha sido todavía. Depende en gran parte de nosotros, de nuestra imaginación, de nuestra honestidad e inteligencia para volver a empezar de nuevo.

11

El paradigma del fin

11.1. El último grado de generalización

EL ANÁLISIS DE LAS CIVILIZACIONES, de sus correlaciones, de sus confrontaciones, de su desarrollo y de la interdependencia implica un problema tan complejo que, en función del método empleado y del nivel de profundización de la investigación, es posible obtener resultados no sólo diferenciados, sino absolutamente opuestos. Por lo tanto, incluso para obtener la más aproximativa de las conclusiones, se debe aplicar el método reduccionista: que supone reducir la variedad de los criterios a un único modelo simplificado.

El marxismo prefiere el simple enfoque económico, que se convierte en el sustituto y el común denominador de todas las demás disciplinas. Lo mismo se cumple (aunque de manera menos explícita) en el caso del liberalismo.

La geopolítica, que respecto a la variedad de los enfoques económicos, es un método menos conocido y menos popular, pero no menos eficaz y evidente a la hora de explicar la historia de las civilizaciones, sugiere un método de reducción cualitativamente diferente. Otra versión de reduccionismo está en las diferentes formas de enfoque étnico, que comprende las «teorías raciales» como su expresión más extrema.

Finalmente, las religiones sugieren su propio modelo reduccionista de la historia de las civilizaciones.

Estos cuatro modelos parecen ser las formas de generalización más conocidas; si bien existen otros modelos diferentes, y es muy difícil que éstos puedan resistir la comparación con los primeros por popularidad, evidencia y simplicidad.

Dado que la noción de «civilización» presenta una escala extremadamente amplia — quizás la mayor escala que la conciencia de la historia de la humanidad sea capaz de generar — los métodos reduccionistas deberían ser extremadamente aproximativos, dejando de lado detalles, factores intermedios y de menor importancia. Son civilizaciones aquellos agregados humanos que tienen vastísimos confines espaciales, temporales y culturales. En base a esta definición, las civilizaciones deberían poseer una dimensión significativa — deberían ser duraderas en el tiempo, controlar regiones geográficas relevantes, generar estilos culturales y religiosos (ideológicos a veces) de particular significación.

A finales del segundo milenio d.C. (después de Cristo), cualquier rendición de cuentas de la historia de las civilizaciones parece ser necesaria, en la medida que la fecha expresa la llegada a un umbral, a un límite. Y de aquí surge la idea de relacionar las diferentes referencias de análisis de la civilización en un único método, en un paradigma universal. Es cierto, el grado de simplificación, aproximación y reducción será aquí todavía mayor, en relación a los cuatro modelos reduccionistas anteriormente mencionados; pero esto no debería ser considerado un obstáculo insuperable. Cualquier generalización (afortunada o no, justificada o no) será sometida, en el mejor de los casos, a una dura crítica, procediendo de los «hiper-especialistas» que hace tiempo que han olvidado los principios primordiales en una vorágine de detalles, o de los seguidores (conscientes o instintivos) de una o cualquier otra forma de generalización, que se limite pragmáticamente a usar las contradicciones menores para desacreditar la totalidad.

Sin embargo, ya se trate de temáticas como el «Fin de la Historia» (Francis Fukuyama), el «Choque de Civilizaciones» (Samuel Huntington), el «Nuevo Orden Mundial» (George W. Bush), el «Nuevo

Paradigma» (*New Age*), el «Tiempo del Mesías», el «Fin de la Utopía», el «Paraíso Artificial» o la «Cultura del Apocalipsis» (Adam Parfrey), adquirieron una mayor popularidad que nos aproximan a los límites del siglo — a los confines del milenio. Y estas temáticas se revisten, en mayor o menor medida, de complejos modelos reduccionistas, que son a su vez el fruto de la confluencia de un conjunto de métodos más restringidos — especialmente los cuatro mencionados con anterioridad.

11.2. El verdadero marxismo

La doctrina de Marx, que ha sido tan popular a lo largo del siglo XX, hace que sea una tarea realmente ardua hablar de ésta — en especial en Rusia, donde el marxismo ha sido proclamado durante muchos decenios la ideología oficial. La cuestión se presenta del mismo modo, morboso y saturado de alusiones y connotaciones, que se presenta también para los intelectuales occidentales, para los cuales las disputas y debates sobre Marx fueron el tema central del discurso filosófico y «culturológico». Nadie ha influido tanto en la historia moderna como lo ha hecho Marx — es difícil mencionar un pensador comparable en cuanto a fama, popularidad y nivel de circulación editorial.

Pero la excesiva explotación del marxismo ha conducido, en un cierto momento, al resultado contrario — sus ideas y sus doctrinas parecieron hasta tal punto universales que, desde ese momento en adelante, en lugar de comprenderlo, se transformó al marxismo en un «dogma», en un *gadget* y en un oscuro cliché para usar e interpretar de forma totalmente arbitraria. Los marxistas ortodoxos bloquearon la reflexión en esta esfera, canonizando los puntos de vista de Marx, incluso en aquellos ámbitos donde ellos habían sido contradichos, con claras evidencias, en el curso de la Historia (tanto en economía como en política). Herejes y revisionistas ampliaron excesivamente el contexto del marxismo, incluyendo ideas y teorías que, hablando con rigor, no tenían relación con éste. En breve llegamos a la paradójica situación en la cual el pensador más popular y famoso se había convertido en ininteligible para la mayor parte de las personas. Al final, el nudo gordiano del marxismo fue desentrañado *tout court* al declarar la filosofía y la economía política marxista como una «desilusión», con el consecuente y universal abandono de la ideología.

El exceso de alabanzas y dogmatismo se transformó análogamente en un exceso de subversión y relativización. Con la misma velocidad, aquel imponente edificio del marxismo, en el cual todos se habían mirado, se vio improvisadamente liquidado en todas partes. Y aquellos que fueron más celosos en esta liquidación fueron las fuerzas responsables de la creación del culto alienante y dogmático de Marx. En cualquier caso, a día de hoy las ideas de Marx prácticamente no cuentan con partidarios, pero no por ese motivo son menos profundas y sorprendentemente exactas para aclarar determinadas cuestiones. Está produciéndose una situación en la cual, el marxismo, habiendo perdido, poco a poco, a la mayor parte de sus seguidores, puede ser aplicado desde fuerzas totalmente diferentes, que se habían mantenido a distancia en la época en la que dominaba la refriega intelectual y política en torno al nombre y las ideas de Marx.

Esta distancia, el desempeño de este o aquel planteamiento marxista en la fase precedente de la historia intelectual, ayudará a descubrir nuevamente a Marx, a leer su mensaje de una manera antes imposible. Es absolutamente obvio, que la mayor parte de las opiniones culturales e históricas de Marx son irremediablemente obsoletas, y que varios aspectos de su doctrina deberían ser rechazados por inadecuados. Sin embargo, es más importante considerar con imparcialidad aquellos aspectos de la doctrina que podrán servir de ayuda para comprender los principales aspectos del paradigma histórico en su clave económica, social y política. Y en esto nadie puede ser comparable a Marx. Fue precisamente él quien formuló el paradigma reduccionista más capacitado de la historia, en condiciones de explicar el proceso esencial y las orientaciones con sorprendente fiabilidad, evidencia y persuasión. Por lo tanto, no está fuera de lugar recordar los principios de comprensión de la fórmula histórica. El enfoque marxiano de la historia es dialéctico, presuponiendo el desarrollo dinámico de las correlaciones entre los principales sujetos del devenir histórico. Junto a esto, el fundamental dualismo de aquellos sujetos es visible a través de su teoría, que predetermina las dialécticas, constituye su contenido y la base ética de su desarrollo.

Estos dos sujetos fueron definidos por Marx como Trabajo y Capital. Marx consideró el Trabajo como el impulso creativo y constructivo, como el eje central de la vida y del movimiento, como un principio positivo y solar. Empleando expresiones darwinianas imaginativas, el marxismo afirma que «el Trabajo creó al Hombre del simio». El punto es que el elemento creativo es aquel mismo vector de existencia que transforma el proceso del estado horizontal e interno en aquel estado vertical y volitivo.

El Trabajo, según Marx, es un principio positivo y luminoso. Extraño a la ética de la Biblia, donde el trabajo representa el resultado de la Caída y de una suerte de condenación de Adán por haber violado los mandatos divinos (una actitud similar en la comparación del Trabajo es característica también de otras tradiciones religiosas). Marx, sin duda, proclamó el carácter sagrado, integralmente positivo del Trabajo, su naturaleza primaria, su carácter de valor en sí, autosuficiente. Pero en su estado primordial, el Trabajo, en cuanto impulso primario en el desarrollo y punto de partida de la Historia (al igual que la Idea Absoluta de Hegel) no se realiza todavía en sí mismo, no llega a completarse en su inherente naturaleza luminosa.

Para alcanzar esto, es necesario el largo y complejo proceso de movimiento a través de los laberintos de la dialéctica histórica. Sólo después de tremendas pruebas y terribles fatigas, el Trabajo estará en condiciones de llegar a su estado triunfante y victorioso en el curso de una serie de autonegaciones dialécticas, llegando a ser completamente consciente, feliz y libre.

Según Marx, toda la historia está contenida en el intervalo que va del «comunismo de las cavernas» — el estado primordial, en el cual el Trabajo era libre, pero no realizado y no universal — y el comunismo puro y simple, cuando éste retorna a su carácter luminoso y autosuficiente, habiendo recorrido el laberinto de la alienación pero alcanzando su extensión total, universal y plenamente realizada. El hombre llega a ser hombre después de haberse impregnado en el elemento del Trabajo. Pero deviene hombre completo sólo después de ser capaz de realizar el valor absoluto de aquel elemento, liberándose de todas las impurezas del principio negativo — en la época del comunismo.

¿Cuál es entonces, según el marxismo, el polo negativo?¿Qué se opone a la naturaleza luminosa del Trabajo?

Marx lo llama «explotación», e instintivamente desvela la forma suprema y perfecta de tal explotación en el Capital. Capital es, para el marxismo, el nombre del mal en el mundo, el principio oscuro, el polo negativo de la historia. Entre el «comunismo de las cavernas» del hombre en su aparición en el mundo, y el comunismo final, está el largo periodo de la «explotación», de la alienación del Trabajo de la propia esencia, de las pruebas y privaciones del sol a través de los laberintos de oscuridad. Y ésta, en el justo sentido, es la sustancia de la historia.

El Capital no aparece improvisadamente, su emergencia es gradual y tiene lugar a través de los instrumentos y mecanismos de la explotación del elemento luminoso del Trabajo, gracias a las oscuras fuerzas de los usurpadores se va perfeccionando. El desarrollo del Trabajo contribuye al desarrollo de los modelos de explotación.

La complicada dialéctica de las fuerzas productivas y de la constante dinámica de las relaciones de producción, conduce a ambos polos de la historia económica a lo largo de la espiral del desarrollo. Los objetivos opuestos y los vectores de actividad de los trabajadores y de los explotadores, promueven objetivamente el desarrollo de un único proceso, político y económico. Las relaciones de producción son el modelo de interacción entre aquella estructura de base sometida al principio de la explotación. El elemento del Trabajo es el elemento de la abundancia. El Trabajo produce siempre algo más de respeto, en la medida que es necesario para satisfacer las necesidades vitales de los propios trabajadores. En este hecho está la esencia de su principio positivo, creativo, luminoso y solar. El trabajo produce un *plus*. Este *plus*, este *excedente* es sustraído por el polo oscuro, el parásito de la historia. A lo largo del curso de la historia económica , las relaciones de producción se reducen a la expropiación de cualquier *sustancia* de los agentes del *plus* por parte de los agentes del *minus*. Pero desde los primeros estadios de la historia humana, es posible desvelar algunos caracteres específicos de las dos entidades, caracteres que vendrán a encontrarse con toda su potencia al final de la historia.

El trabajador primordial es el germen del proletariado industrial. La élite tribal es el germen del Capital. Con el transcurrir de los milenios de la historia humana, los dos sujetos del drama mundial llegan al estado de máxima pureza, de plena realización, en el cual se asumen de nuevo todos los estados precedentes. Desde el sistema de la propiedad esclavista, entonces a través de las relaciones feudales, se viene gestando el capitalismo. El estadio más importante es, en muchos aspectos, aquel escatológico presente en la doctrina marxista. Aquí toda la complejidad del cuadro social queda reducida a un dualismo de claridad absoluta — el proletariado, en cuanto clase, es la encarnación del resultado del desarrollo económico e histórico del elemento Trabajo, y la burguesía concentra en sí misma el polo absoluto, más perfecto, completo y consciente de la pura explotación. El polo luminoso concluye su trágica travesía a lo largo de los laberintos de la alienación, mientras que el polo oscuro se aproxima a su victoria completa. El Proletariado y el Capital. El Puro Trabajo, es decir, el proletariado que no tiene propiedades («excepto las propias cadenas») — el Puro Capital, transformándose desde aquello que es poseído a aquello que posee, en el elemento de la Pura Alienación, de la Explotación Absoluta. Marx reduce los problemas restantes — históricos, filosóficos, culturales, sociales, científicos y técnicos — a este esquema político y económico, considerándolo como derivado y secundario respecto al paradigma fundamental.

Además, Marx afirma que la segunda revolución industrial, con la cual el capitalismo llega a su culminación, es el punto crucial de la historia mundial. Desde aquel momento en adelante, ambos sujetos históricos — Trabajo y Capital — no se convierten en unos simples títeres de la lógica de la historia objetiva, sino en sus sujetos conscientes y autónomos, capaces no solamente de plegarse a la necesidad, sino también de guiar los más importantes procesos históricos, provocarlos, proyectarlos y afirmar una voluntad propia y autónoma. No se trata de un individuo o de un grupo, sino de un sujeto de clase. El proletariado, convertido en clase, asume la personalidad histórica del Trabajo, el heredero del *plus* en todos sus estadios de desarrollo. El Capital encarna el mundo del *minus*, de la sustracción, de la alienación, pero solamente en su estado absoluto, libre, de volición y personal. En consecuencia es capaz de proyectar la historia y de guiarla. En este estadio, Trabajo y Capital acceden al nivel de idea o ideología, existen de aquí en adelante no solo en la sustancia objetiva de la realidad, sino también en el espacio ideológico del pensamiento.

El ingreso de estas dos personalidades en la esfera del pensamiento, revela plenamente el dualismo esencial presente también en esta esfera — existe el pensamiento del Trabajo y el pensamiento del Capital, existe la ideología del *plus* y aquella del *minus*. Ambas ideologías reciben el máximo posible de independencia y libertad, y toda la esfera de la conciencia se transforma desde la esfera de la reflexión a aquella de la creatividad y de la planificación. La ideología del Trabajo (la filosofía proletaria) conserva también aquí su carácter creativo: ella crea el proyecto. La ideología del Capital (filosofía burguesa) permanece esencialmente negativa — ella usurpa y reproduce el vacío, conceptualiza el inmovilismo, congela la vida, postula el momento presente y niega el fin.

La fórmula suprema y perfecta del Capital es, según Marx, la economía política liberal inglesa — especialmente el «libre intercambio» y el «mercado universal» de Adam Smith y sus seguidores. Pero más allá de esta forma más evidente, existe la variedad de las más sutiles, complicadas y complejas construcciones ideológicas que ocultan el letal y parasitario respiro del Capital. La filosofía burguesa se convierte de aquí en adelante en el arma más eficaz de la explotación, en su forma superior.

Pero, como contrabalanza, se va formando el cuerpo doctrinario de la propia clase trabajadora, los elementos principales de la ideología comunista van adquiriendo claridad. Marx consideró siempre su propia obra dentro de este contexto. Presentía las dos ideas que deberían formar la «filosofía proletaria», que se convertiría en el instrumento más importante del Trabajo en el curso de su batalla escatológica final contra el adversario primordial.

Marx proclamó una suerte de «evangelio del Trabajo». Afirmó que el Trabajo, llegó al punto de desarrollo de su historia política y económica, convertido en el Puro Trabajo, se habría visto obligado a realizarse a sí mismo y a su propia historia, comenzar a desarrollar la función de uno de los dos polos teleológicos de la historia , desvelar el mecanismo del engaño y de la alienación en la base de cada explotación, enmascarar la función negativa, vampiresca, de *minus*, del Capital (con la explicación de la producción de plusvalor y de la lógica de la expropiación) y conducir a término la Revolución Proletaria, que habría arruinado el Capital, llevándolo al abismo de la no-existencia y extirpado el mal del mundo.

Después de la breve fase caracterizada por una formación transitoria (socialismo), debería emerger el «Paraíso en la Tierra», el Trabajo se habría liberado completamente del principio oscuro. Aquí tenemos descrita la esencia del modelo económico marxista. Un modelo — es necesario admitirlo — igualmente persuasivo y sólido, que hace que no sorprenda que las ideas de Marx hayan atraído a una gran masa de personas durante el siglo XX, convirtiéndose en una suerte de religión, en cuyo nombre se han hecho sacrificios sin precedentes.

¿En qué mundo se ha realizado en la práctica el escenario planteado por Marx? ¿Qué había en éste de inexacto? ¿Qué parte ha sido desmentida?¿Cómo es considerado el contenido de la historia política y económica de nuestro siglo, si queremos permanecer en el ámbito de la filosofía marxista de la historia, como aquel que hemos considerado precedentemente?

En el umbral del tercer milenio, podemos afirmarlo, el Capital ha derrotado al Trabajo, se ha demostrado capaz de evitar la Revolución inminente, de disolver la completa manifestación histórica del Trabajo como sujeto revolucionario, de eludir el peligro de concentración de la filosofía proletaria en una concepción del

mundo unitaria y completamente estructurada. Y, sin embargo, el Trabajo, inspirándose en Marx, ha intentado comenzar «la última y decisiva batalla» con su primordial enemigo. El Trabajo ha sido derrotado, pero el hecho de la gran batalla no puede ser negado. Esta batalla constituye nada menos que el contenido principal de la historia política y social del siglo XX. Todo ha ocurrido según las previsiones de Marx, excepto el éxito, que ha sido, obviamente, desfavorable. El mal del mundo ha vencido. El *minus* se ha revelado más fuerte y más astuto que el *plus*. El Capital, asumida la forma de sujeto, ha demostrado su superioridad respecto al Trabajo, haciéndose él también sujeto.

¿Cómo se han desarrollado las cosas en la vida real?

La primera no correspondencia respecto a la ortodoxia marxista se comprobó en el momento de la revolución socialista del Gran Octubre. Este acontecimiento se ha convertido en el punto clave de la historia post-marxista. Por un lado, el levantamiento de los marxistas-bolcheviques ha demostrado que las ideas de Marx son verdaderas y confirmadas en la práctica concreta. El partido de los trabajadores, proletario y comunista, ha sido capaz de realizar la Revolución, liquidar el sistema de la explotación, destruir el poder del Capital y de la clase burguesa, construir el Estado socialista, fundándose sobre las mismas tesis de Marx. El marxismo ha sido proclamado ideología dominante de aquel estado. En otras palabras, la experiencia rusa ha ofrecido la primera confirmación de la exactitud y eficacia de la doctrina revolucionaria marxista. Por otro lado, en el curso de la revolución rusa tuvo lugar la circunstancia más importante — la revolución proletaria triunfante no se produjo ni en el lugar ni cuando fue prevista por Marx. El error espacial y temporal no ha sido de naturaleza cuantitativa, sino cualitativa. Por lo tanto, este error ha tenido enormes consecuencias sobre el plano de la doctrina.

Marx suponía que la completa constitución del proletariado en clase y su formación como partido revolucionario ocurriría en el país más desarrollado del Occidente industrial, precisamente allí donde el mecanismo burgués había alcanzado su más perfecto estadio de desarrollo, y el proletariado industrial representaba el dominio social de todas las fuerzas productivas. Marx pensaba que la revolución proletaria habría provocado una reacción inmediata, en cadena, en otros estados y sociedades. Marx estaba seguro del hecho de que en otros lugares, espaciales y temporales, no podrían haber tenido lugar las revoluciones socialistas, en la medida que ambos sujetos históricos — Trabajo y Capital — no habían alcanzado todavía aquel estadio en el cual es posible la plena y adecuada transición del material en el ideal, del sujeto en el consciente, de la fase extrema de aquel desarrollo fundamental en la forma adecuada de superestructura. La experiencia rusa demostró que la revolución socialista era posible y tuvo éxito en un país de capitalismo atrasado, mucho antes de conseguirlo a una mayor escala, como ocurrió en una segunda fase de la revolución industrial, en un país con una cuota insignificante de proletariado industrial; y después la victoria de los bolcheviques, el proceso revolucionario no se extendió por Europa, pero permaneció dentro de los límites del antiguo imperio ruso. El Trabajo se había constituido en partido político y había derrotado al Capital en condiciones totalmente diferentes a aquellas previstas por Marx.

En otros términos, el acontecimiento histórico de la Revolución en Rusia ha corregido la teoría de su padre espiritual. El sentido de esta corrección histórica viene recogido mejor en la investigación sobre el fenómeno del nacional-bolchevismo, analizado al detalle por Mikhail Agursky. La revolución proletaria en Rusia demostró que la victoria del Trabajo sobre el Capital es posible y real solo en condiciones en las que , en el cumplimiento de esta acción política y económica, del agregarse de otros elementos, tomasen parte elementos de dimensiones diferentes — nacional-mesianismo (profundamente desarrollado entre los hebreos rusos y en la Europa Oriental), tendencias milenaristas, místicas y sectarias (ya sea del pueblo común como de los intelectuales), el estilo conspirativo, blanquista, típico de un Orden, del partido revolucionario (leninismo y más tarde estalinismo). Entre paréntesis, un análogo conjunto de factores, si bien menos radical, aseguró la victoria de otras fuerzas anticapitalistas, que fueron capaces de realizar revoluciones semi-socialistas, como el fascismo italiano y el nacionalsocialismo alemán.

En otras palabras, el marxismo ha demostrado ser históricamente practicable sólo en su versión heterodoxa y nacional-bolchevique, algo diferente a la concepción rigurosa del propio Marx. Este éxito para el marxismo se ha hecho realidad en combinación con otros factores — más específicamente, cuando la doctrina político-económica de Marx se ha combinado con tendencias culturales y religiosas muy diferentes respecto al discurso cultural e histórico del autor de *El Capital*.

En contraste con la victoriosa realización histórica del marxismo en lo producido por los nacional-bolcheviques, en el mismo Occidente burgués la transición al socialismo no ha tenido lugar en el momento culminante del desarrollo capitalista; en el umbral de la tercera revolución industrial (y aquello que había en los años 60-70 del siglo XX). Mientras que la versión heterodoxa del marxismo se ha revelado como practicable, la versión ortodoxa ha sido rechazada por la historia. El capitalismo, en su forma más desarrollada, está en condiciones de superar la fase de desarrollo más peligrosa, y de controlar así la amenaza de la rebelión proletaria, transitando hacia un nivel de exigencia incluso más perfeccionado, — mientras el otro sujeto antagonista, el proletariado, en cuanto clase y en cuanto a partido escatológico y revolucionario del Trabajo, ha sido abolido, dispersado y volatilizado en el complejo sistema sin alternativas de la Sociedad del Espectáculo (Guy Débord). En otros términos, la sociedad post-industrial, hecha realidad, ha demostrado definitivamente que las profecías de Marx — entendidas en el sentido literal — no se han confirmado. Ésta, de paso, es la razón de la profunda crisis del marxismo europeo contemporáneo.

Pero hoy conocemos también el triste fin del Estado socialista, autoliquidado por el efecto de procesos exclusivamente internos, que han llevado al sistema del nacional-bolchevismo al preludio fatal de la Perestroika burguesa. Y cuarenta años antes ya habían entrado en colapso los otros sistemas no capitalistas de Europa — la Italia fascista y la Alemania nacionalsocialista. Así, a finales del siglo XX, el Capital ha derrotado al Trabajo en todas sus manifestaciones ideológicas — estén ellas inspiradas en el marxismo ortodoxo (en la forma de las socialdemocracias europeas), en la versión nacional-bolchevique del Soviet, o en los varios tipos de variantes aproximativas, inciertas, fruto de compromisos, de los regímenes europeos de la llamada «Tercera Vía».

Esta victoria del Capital sobre el Trabajo muestra además un alto grado de conciencia por parte de aquel polo histórico que ha sabido, constante y coherentemente en el tiempo, mantenerse fiel a su objetivo primario y que está preparado para extraer enseñanzas de los modelos conceptuales y de la praxis del enemigo — estudiando y manteniendo en la práctica modelos y paradigmas, revelados por el genio revolucionario, con fines de prevención.

Después de Marx, el campo del Trabajo a nivel político y económico global se ha dividido en tres frentes menores, desarmónicos, y en conflicto recíproco — socialismo soviético (nacional-bolchevismo), socialdemocracia occidental y (con algunas reservas) fascismo. El ámbito del Capital ha permanecido esencialmente unido y ha explotado sabiamente las contradicciones existentes entre las ideologías del Trabajo.

Así, en lugar de un partido revolucionario proletario y comunista unido, en un momento crucial de la historia del Occidente burgués, se han venido a formar: en primer lugar, organizaciones bolcheviques pro-soviéticas de impronta radical, bajo el control del *Komintern* (pero geopolíticamente vinculadas a Moscú, capital de la Tercera Internacional, y dispuestas a seguir esa voluntad); en segundo lugar, los partidos socialdemócratas autóctonos, en lucha con las fuerzas pro-moscovitas por la hegemonía en los círculos proletarios; en tercer lugar, los movimientos nacional-socialistas, que han aplicado la experiencia nacional-bolchevique de Moscú (pero en una variante mucho menos vigorosa) en el propio contexto nacional.

La estrategia del Capital ha consistido en oponerse de todas las formas posibles a cada una de las tres tendencias en las que se han expresado ideológicamente las fuerzas del Trabajo, evitando a toda costa su consolidación en un único organismo histórico y sociopolítico unitario. Con ese fin, socialdemocracia y bolchevismo se opusieron al fascismo, y éste último a la socialdemocracia y al bolchevismo. Las fases de mayor éxito de esta estrategia fueron el «Frente Popular» en Francia durante la época de Léon Blum y la relación de alianza entre la Unión Soviética e Inglaterra y los Estados Unidos en el curso de la guerra contra las potencias del Eje.

Por otro lado, los socialdemócratas occidentales — en la medida que no son partidarios de la ortodoxia marxista nacional-bolchevique — se vieron fuertemente atraídos por el colaboracionismo político con el sistema burgués mediante la representación parlamentaria, y acabaron corrompidos por la cooperación con el Sistema y simultáneamente opuestos a los «agentes de Moscú», de los partidos bolcheviques y leninistas (las políticas de Karl Kautsky son el más significativo ejemplo en tal sentido).

Y finalmente, en el cuadro del mismo Estado soviético, el nacional-bolchevismo no tuvo una formación doctrinal coherente y completa, necesaria para traducirse en una ideología completa y no contradictoria; una ideología con los puntos sobre las «íes», en la cual se establecieran criterios rigurosos en relación a la herencia de Marx (en aquello que fuese aceptado, y en lo que hubiera que rechazar). En lugar de tal corrección, los ideólogos soviéticos continuaron insistiendo en la identificación del leninismo cual simple marxismo ortodoxo adecuado, negando toda evidencia y perdiendo de forma irrevocable cualquier potencialidad de reflexión cognoscitiva y coherente.

En lugar del claro y unívoco cuadro de la oposición entre Trabajo y Capital en la forma del sistema socialista soviético, por un lado, y de los países del Occidente capitalista, por otro lado, apareció un mosaico fragmentario, en el cual el factor extremadamente negativo fue el hecho mismo de la existencia de regímenes fascistas compromisarios (sobre el plano político y económico) y de una socialdemocracia conciliadora y colaboracionista. El componente intermedio, la vía que conduce a la formación de un partido comunista proletario internacional y unido, que debería tener en cuenta toda la experiencia ideológica y espiritual de la Revolución Rusa.

Este fue el factor externo. El factor interno ha consistido en la renuncia del sistema soviético mismo a extraer las más importantes conclusiones ideológicas (incluidas las necesarias correcciones de las opiniones culturales y filosóficas de Marx) del propio éxito, el que habría facilitado, a su vez, el diálogo constructivo con el fascismo

— especialmente en su versión extrema de izquierda. Finalmente, la misma socialdemocracia occidental, antes que elegir un pacto «frontista» antifascista del lado de las fuerzas de los regímenes burgueses y radicales, habría podido optar por un mutuo entendimiento con los socialistas de orientación nacional dentro del bloque anti-burgués.

Por su esencia anti-capitalista, el bolchevismo soviético, la social-democracia europea e incluso el fascismo deberían haber convergido sobre una plataforma ideológica unitaria, en un punto intermedio entre la evidente sobrevaloración de Marx por parte de los seguidores ortodoxos y su manifiesta infravaloración por parte del fascismo. Tal hipotética ideología — un cierto nacional-marxismo absolutizado y universal, una vez tomados en consideración factores nacionales, religiosos y espirituales junto con el justísimo y genial paradigma histórico de Marx — es el nacional-bolchevismo en su realización histórica ideal, y podría haber sido aquella eficaz base socioeconómica, en la cual el principio del Trabajo se habría encarnado en su forma más perfecta. Pero esto, desgraciadamente, parece evidente sólo a posteriori, cuando es posible sintetizar y analizar aquella gran catástrofe histórica. El Capital, en cuanto a sujeto, se ha revelado como no solo como más fuerte, sino también como más inteligente que el Trabajo en cuanto a tal. No ha consentido la plena realización histórica del «espíritu-fantasma-sombra del comunismo», condenándolo a ser un fantasma a perpetuidad. Es trágico darse cuenta de ello. Pero, desde el punto de vista epistemológico, desde la perspectiva de la generación de paradigmas históricos significativos, es necesario permitirnos aclarar en qué momento histórico nos encontramos, con lo cual es difícil subestimar tales conclusiones.

11.3.   El paradigma geopolítico de la historia

La reducción geopolítica es algo menos conocida que el modelo económico; su claridad y capacidad persuasiva no son, ni mucho menos, comparables con el paradigma del Trabajo-Capital. También en geopolítica encontramos la pareja teleológica de las nociones representativas del sujeto de la historia, pero esta vez expuestas no en su aspecto económico, sino en aquel de la geografía política. La cuestión versa sobre dos sujetos geopolíticos — el Mar (Talasocracia) y la Tierra (Telurocracia). La otra pareja representa la misma relación sinónima, Occidente-Oriente, en la que Occidente y Oriente son considerados no como simples nociones geográficas, sino como bloques de civilización. Occidente, según la doctrina geopolítica, equivale al Mar, mientras que Oriente representa la Tierra.

En el momento actual, estamos interesados en la síntesis de la historia, convertida en términos geopolíticos, desde el punto de vista escatológico, y claramente visible a nivel económico. Allí el problema era formulado de la siguiente forma: el Trabajo ha prestado batalla al Capital y ha perdido. Vivimos en el periodo de aquella derrota, periodo que la escuela económica liberal considera como el último — de aquí la temática sobre el «Fin de la historia» de Fukuyama, o de la precedente «Formación del dinero» de Jacques Attali. ¿Es posible poner de relieve alguna analogía similar en geopolítica? Es sorprendente, pero tal analogía no sólo existe, sino que también es evidente y obvia, al permitirnos acercarnos a conclusiones de gran interés.

La dialéctica geopolítica consiste en la lucha dinámica de Mar y Tierra. El Mar, la civilización de la Madre, es la encarnación de la movilidad permanente, del «fluir», de la ausencia de un centro estable. Únicamente los confines reales del Mar son las masas continentales en sus extremos, es decir, algo opuesto al propio Mar. La Tierra, civilización de la Tierra, por el contrario, es la encarnación de la constancia, de la estabilidad, del «conservadurismo». Los límites de la Tierra pueden ser rigurosamente definidos, en términos naturales, en varios lugares de la misma Tierra. Y solamente la civilización de la Tierra ofrece fundamentos firmes para establecer un sistema de valores sagrados, jurídicos y éticos.

La Tierra (Oriente) es jerarquía. El Mar (Occidente) es caos. La Tierra (Oriente) es orden. El Mar (Occidente) es disolución, la Tierra (Oriente) es el principio masculino. La Madre (Occidente) representa aquella femenina. La Tierra (Oriente) es Tradición. El Mar (Occidente) es contemporaneidad, y así un largo etcétera. Estos dos sujetos de la historia geopolítica tienden a la más completa y divergente manifestación, a partir del complejo sistema multipolar de las contradicciones (a menudo parciales y reconciliables), hasta el esquema global de los bloques.

Mar y Tierra han llegado a su escala planetaria en el siglo XX, y en particular durante la segunda mitad del siglo, cuando los contornos del modelo bipolar se han perfilado finalmente. El Mar ha encontrado su expresión final en Estados Unidos y la OTAN, mientras que la Tierra se ha encarnado en el conglomerado de países socialistas — la Organización del Pacto de Varsovia. La división tecnológica del planeta en dos campos — cada uno de los cuales representaba la forma más pura de las respectivas civilizaciones geopolíticas — ha tenido lugar. La civilización del Mar se ha movido en el curso de la historia en la dirección de Estados Unidos y del Atlantismo — aunque este movimiento no ha sido del todo rectilíneo. La civilización de la Tierra se ha encarnado en su forma más completa bajo la Unión Soviética. El Atlántico y Eurasia se han convertido en entidades estratégicamente integradas, y las tendencias geopolíticas latentes, brillantemente reconocidas por Mackinder sobre la base de la lógica histórica de los grandes espacios continentales, ha alcanzado su máxima expresión y superior evidencia a través de la «Guerra Fría».

Pero el punto culminante de la historia geopolítica del siglo XX, una vez intervenidos — lo cual ha enturbiado la clara lógica de la ciencia geopolítica durante un tiempo, La emergencia en la Europa de los años 20-30 de un bloque estratégico separado — los países del Eje — fue el principal obstáculo para frenar el ascenso de la civilización de la Tierra al rango de sujeto geopolítico orgánico y poner las bases de la futura derrota.

Rechazando la evidencia y las recomendaciones de las escuelas científicas, los países del Eje intentaron reivindicar su propia independencia geopolítica y autarquía. El fascismo europeo fue, desde el punto de vista geopolítico, el obstáculo a la natural expansión eurasianista en dirección a Occidente, pero también el rechazo a la

El paradigma del fin

Esta ambigüedad dañó seriamente la cristalización del cuadro mundial bipolar y provocó conflictos a nivel internacional y, como consecuencia de éstos, la Tierra eurasiática vio frenada la propia tendencia a constituirse como sujeto y crearse una estrategia geopolítica propia y coherente.

El fascismo europeo sucumbió ante la irresponsable (y fallida, en sentido geopolítico) ilusión de una comunidad de intereses entre Mar y Tierra frente a un tercer sujeto — el cual, desde el punto de vista de la doctrina geopolítica, era del todo ficticio, no disponiendo de las dimensiones geopolíticas, geográficas, históricas y culturales necesarias. La Europa fascista (más o menos) tiene solo dos oportunidades geopolíticas — ser la avanzada occidental de Oriente (como lo fue, por ejemplo, el caso del Imperio Romano Ortodoxo antes del cisma de la Cristiandad), o bien ser la zona costera estratégica bajo el control del Mar, en oposición a las masas continentales de Eurasia. La estrategia del Eje no fue ni una ni la otra. La derrota de Alemania se hizo evidente desde el momento que emprendió la guerra sobre dos frentes. Una empresa así no representó solamente el suicidio de Alemania (y a mayor escala de Europa), sino también el origen de los fundamentos geopolíticos incompletos de la totalidad del continente eurasiático; lo que, finalmente, condujo a la destrucción y al colapso de toda la civilización de la Tierra.

Esta última indicación se basa en el brillante análisis de la crisis de la Unión Soviética y del Pacto de Varsovia que debemos a Jean Thiriart, un análisis surgido veinte años antes del colapso del bloque soviético. Thiriart demostró que, geopolíticamente, el espacio estratégico controlado desde el ámbito socialista era incompleto y que no habría sido sostenible durante mucho tiempo frente a Occidente. En su pensamiento, el motivo principal era la división de Europa, que aventajaba a las potencias atlánticas, a excepción de la Unión Soviética. Thiriart consideraba que, para resolver este complejo problema, heredado de las políticas suicidas de Hitler, habría sido necesario o conquistar parte de la Europa Occidental anexionándola al bloque socialista, o bien, al contrario, apostar por la retirada de

166

las bases estratégicas y las tropas de la Unión Soviética en Europa con la disolución paralela de la OTAN y la eliminación de todas las bases estratégicas americanas. Esta creación de un espacio neutral en Europa habría permitido a Moscú concentrarse sobre las directrices meridionales y conducir la batalla decisiva contra Estados Unidos en Afganistán y en el Medio y Extremo Oriente.

Pero la civilización del Mar había estudiado con la máxima atención las teorías geopolíticas de Mackinder y Mahan: no solamente había comprobado su estrategia con ellos, sino que había comprendido perfectamente la gravedad de la amenaza de la progresiva integración del continente eurasiático bajo la protección soviética, y tomar las contramedidas necesarias para impedirlo. Y todavía una vez más, como en el caso de la lucha entre Trabajo y Capital, no se trató solamente de la acción de las fuerzas históricas objetivas, sino que se asistió a la directa y activa intervención del factor subjetivo — los agentes de Occidente hicieron de éstas el medio más eficaz para impedir la realización del «Bloque Continental», aquel pacto Berlín-Moscú-Tokio, cuyo proyecto había sido avanzado, a su vez, por el eminente geopolítico alemán Karl Haushofer. En paralelo al desarrollo de las investigaciones geopolíticas, el Mar se aseguró un aparato intelectual y conceptual lógico y eficaz, con el cual actuar sobre el curso de la historia no solo de forma inercial, sino conscientemente.

El fin del bloque soviético, el colapso y la desintegración de la Unión Soviética significa, en términos geopolíticos, la victoria del Mar sobre la Tierra, de la Talasocracia sobre la Telurocracia, de Occidente sobre Oriente. Y nuevamente, como en el caso del binomio Trabajo-Capital , asistimos en la historia del siglo XX a la distinción teleológica de dos sujetos geopolíticos importantísimos, no manifestados anteriormente, Mar y Tierra, y asistimos a un duelo planetario y a la victoria final del Mar, de Occidente.

Si comparamos el caso de la reducción económica con el modelo de explicación histórica geopolítica, nuestra atención es de pronto asaltada por un nuevo paralelismo, que podemos encontrar en todas las fases de ambos aspectos históricos. Parece que la misma trayectoria se ha repetido a distintos niveles, paralelos, no directamente asociados los unos con los otros. Se ofrece entonces, espontáneamente, la siguiente analogía:

- **Destino del Trabajo = Destino de la Tierra, de Oriente.**

- **Destino del Capital = Destino del Mar, de Occidente.**

El trabajo es fijo, el Capital es líquido. El Trabajo-Oriente es creación de valores, surgir («Oriente», *Vostok*, significa literalmente «surgir» en ruso antiguo), mientras que el Capital-Occidente es explotación, alienación, la Caída de las cosas («Occidente», *Zapad*, que significa literalmente «caer» en ruso).

11.4. La civilización del Mar es la civilización del liberalismo. La civilización de la Tierra es la civilización del socialismo.

Eurasia, Tierra, Oriente, socialismo, es la secuencia de los sinónimos. Atlantismo, Mar, Occidente, Capital, liberalismo, mercado — también esta es una secuencia de sinónimos. La comparación de política económica y geopolítica nos muestra un cuadro conceptual de insólita armonía.

«Fin de la historia», en términos geopolíticos, significa «fin de la Tierra», «fin de Oriente». ¿No recuerda quizás al simbolismo Evangélico del Diluvio?

Aleksandr G. Duguin

ALEKSANDR GUÉLIEVICH DUGUIN (Александр Гельевич Дугин), nació el 7 de enero de 1962 en Moscú. Desde finales de la década de 1980 ha participado activamente en movimientos patrióticos, ha publicado un gran número de artículos y textos sobre diferentes temas, tales como política, filosofía, historia o geopolítica. Así mismo, ha traducido libros de pensadores tradicionalistas como Guénon, Evola y otros.

En 1988 fundó la editorial «Eon», que desde 1990 pasaría a llamarse «Arctogaia». En 1989 publicó su primer libro monográfico titulado «Los caminos de lo absoluto». En 1992 es el jefe de redacción de la revista «Elementos», de corte sociológica política. Entre 1992 y 1997 publicó numerosos libros como: «Conspirología», «Misterios de Eurasia», «Teoría Hiperbórea», «La Revolución Conservadora», «Metafísica de los evangelios», «Nuestro camino», «Fundamentos de geopolítica», «Caballeros templarios del proletariado», «La cosa

169

rusa», «Metas y objetivos de nuestra revolución» y «La patria absoluta».

Por otra parte, desde 1998 hasta 2004, fue consejero en el parlamento ruso sobre cuestiones estratégicas y geopolíticas. A la vez, en el año 2000, creó el movimiento político pan-ruso llamado «Eurasia» (Евразия), que él mismo encabezaba. Al año siguiente, en 2001, lo instituyó como partido político y empezaron a publicar el periódico «el observador euroasiático». Así mismo, el partido político «Eurasia», se configuró a partir de 2003 como el Movimiento Internacional Euroasiático.

En esta primera década del siglo XXI, escribió numerosos libros, tales como: «La filosofía del tradicionalismo», «Fundamentos del eurasianismo», «La vía euroasiática», «Geopolítica del terrorismo», «La iglesia ortodoxa rusa en el espacio de Eurasia», «Filosofía política» y otros. Desde 2002 también es columnista en periódicos de tirada nacional como «*Izvestia*» (Известия), «*Literaturnaia Gazeta*» (Литературная газета) y «*Vremia Novostei*» (Время новостей).

También, en 2004, acabó el segundo doctorado en Rostov del Don», y recibió el título de profesor honorífico en la Universidad Nacional Euroasiática de Astaná (Kazajstán). Además, sus libros están traducidos a numerosos idiomas como el castellano, inglés, italiano, alemán, serbio, y rumano.

Desde 2008 hasta 2014 fue profesor de la Universidad Estatal de Moscú, y director del Centro de Estudios conservadores en la facultad de sociología de aquella universidad. También en la misma universidad, desde 2009, fue Jefe del Departamento de sociología de las relaciones internacionales.

En los últimos años ha escrito numerosos libros como: «La guerra de continentes», «Geopolítica», «El fin de la economía», «La cuarta teoría política», «Etno-sociología», «Postfilosofía», «Logos y Mitos», «Sociología de la imaginación», «Sociología de la sociedad rusa. Rusia entre el caos y el logos», «Putin contra Putin. El ex-presidente del futuro», «La teoría del mundo multipolar», «Relaciones internacionales», «Ucrania: Mi guerra», así como varios libros relacionados con la filosofía del alemán Martin Heidegger.

Hipérbola Janus

Otros títulos publicados

Carlo Terracciano
Geopolítica

Carlo Terracciano (1948-2005) es considerado en Italia como el padre de la geopolítica, tanto por la importancia que tuvo a través de la revitalización del conocimiento de esta ciencia olvidada y denostada, como por la introducción de nuevas concepciones en el estudio de susodicha materia. Tomando como punto de partida una visión organicista mediante una línea supraindividual y metahistórica, el autor italiano traza una concepción spengleriana de la historia a través del devenir de las dos grandes superpotencias que han marcado el desarrollo histórico y geopolítico fundamental en la segunda mitad del siglo XX. En esta labor también nos descubre a los pioneros de la materia, a los Kjéllen, Mackinder, Haushofer o Von Lohausen, y hace su particular contribución.

Nadie mejor que Aleksandr Duguin para describir al hombre y la obra:

«Creo que Carlo Terracciano es uno de los mayores geopolíticos europeos de los últimos decenios. Estoy convencido de que será reconocido como uno de los modernos autores clásicos de esta materia. He tenido la oportunidad de conocer personalmente a Carlo Terracciano y siempre he admirado la rectitud de su posición ideológica en vida: la geopolítica era para él una elección existencial; vivió su vida en pleno acuerdo con sus principios, demostrando poseer un estilo romano, olímpico, impensable para la nuestra: la fidelidad, la total dedicación a la causa, la completa integridad moral, sin ninguna consideración hacia los efectos de la presión de la modernidad».

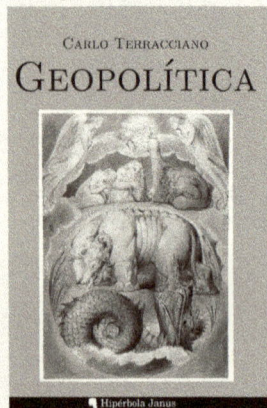

Págs.: 340
Fecha: 31/10/2021
ISBN : 979-8756699838

https://amzn.to/3pUSj1S

Boris Nad
Después del virus: El renacimiento de un mundo multipolar

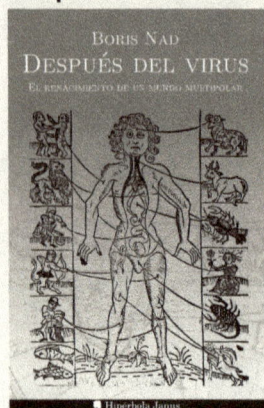

Todas las señales nos sitúan ante el siguiente escenario: el orden mundial del Occidente moderno dominado por los Estados Unidos de América no sobrevivirá al siglo XXI. El «Fin de la historia» proclamado después de la Guerra Fría se ha mostrado como una ilusión y una falacia, y ha dejado a muchos desguarnecidos ante la crisis, los conflictos y los cambios catastróficos que se ciernen sobre nosotros y están por venir.

Después del virus: El renacimiento de un mundo multipolar, de Boris Nad, es una invitación al lector para adentrarse en un proceso de catarsis en el que descubrirá que no existe una sola civilización sino muchas civilizaciones, y que los horizontes del futuro están abiertos y presentan un arraigo en el pasado y el presente. El autor nos propone un ensayo sólido y compacto, a través de una compilación de artículos desarrollados entre 2017 y 2022, con la desafiante tesis que apunta al final de una era, al «fin del mundo», pero solo de uno, que nos acerca de nuevo al auge y caída de las civilizaciones y al cambio de ciclo, a la fundación de un nuevo paradigma histórico.

Esta obra nos ofrece una lectura imprescindible para reflexionar, para tomar conciencia y revelar las intuiciones del mundo que viene, que se está forjando en nuestros días.

Págs.: 380
Fecha: 05/11/2022
ISBN : 979-8362187439

https://amzn.to/3U8QydC

Otros títulos publicados

Aleksandr G. Duguin
La geopolítica de Rusia: De la revolución rusa a Putin

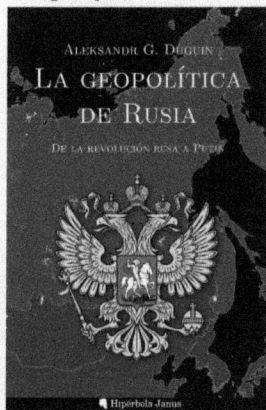

Este libro nos presenta el análisis geopolítico de Rusia desde el final de la Primera Guerra Mundial (1917-1918) hasta la actualidad más reciente.

De forma sencilla y sistemática se podrá entender —desde el punto de vista geopolítico — el desarrollo de los acontecimientos que llevaron al surgimiento y caída de los diferentes regímenes políticos que han dirigido los destinos de Rusia en los últimos cien años. Cómo cayó el Imperio, cómo se levantó y se derrumbó la Unión Soviética, y cómo se dio paso al presente sistema federal de Rusia. Además, a lo largo de la trayectoria histórica, nos permite ver la aplicación práctica de algunos conceptos geopolíticos fundamentales.

Estamos ante una obra clave que nos da las bases para entender el comportamiento de Rusia en el escenario internacional actual y, además, poder prever futuros movimientos y futuros acontecimientos del país más extenso del mundo. Con ellos podremos, por lo tanto, aprender mucho más sobre el mundo que nos ha tocado vivir y sus dinámicas.

Págs.: 192
Fecha: 28/03/2025 (2ª Ed.)
ISBN : 978-1961928268

https://www.hiperbolajanus.com/libros/geopolítica-rusia-aleksandr-duguin

Aleksandr G. Duguin
Putin vs Putin: Una visión de la Rusia del s. XXI

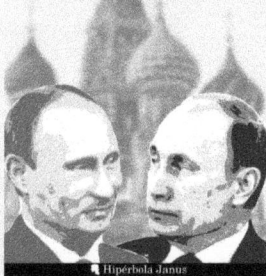

¿Quién es Vladímir Putin? ¿En qué momento tiene lugar su salto a la alta política? ¿Cuáles son sus logros y sus fracasos? ¿Qué posibilidades y potencialidades hay tras sus acciones de gobierno? En este libro, del insigne politólogo ruso Aleksandr Duguin, tenemos la oportunidad de desvelar y conocer en profundidad la figura de uno de los líderes mundiales más importantes del siglo XXI. Desde Occidente la visión del presidente de la Federación Rusa se ha visto distorsionada en gran parte por la narrativa en su contra que los principales medios de comunicación occidentales han venido promulgando.

El papel de Putin al frente de Rusia se ha movido en torno a un equilibrio muy frágil: entre el influjo de un liberalismo que le ha forzado a introducir reformas liberales en el país para mantener buenas relaciones con Estados Unidos y Europa y, paralelamente, la visión del patriota que está junto al pueblo y se encuentra en el deber de mantener la identidad y la soberanía de Rusia, no solo contra el nuevo orden globalista impuesto por el liberalismo, sino también frente a los propios liberales rusos.

En definitiva, el lector encontrará en este libro muchas claves para conocer mejor la realidad de la Rusia actual y el motivo por el cual su presidente, Vladímir Vladímirovich Putin, se encuentra en un punto de encrucijada en estos momentos.

Págs.: 382
Fecha: 10/04/2017
ISBN : 978-1545316238

https://www.hiperbolajanus.com/libros/putin-vs-putin-aleksandr-duguin/

Hipérbola Janus

www.hiperbolajanus.com

www.ingramcontent.com/pod-product-compliance
Lightning Source LLC
Chambersburg PA
CBHW021537260326
41914CB00001B/54

* 9 7 8 1 9 6 1 9 2 8 2 9 9 *